영화감독과
심리적 구도

영화감독과 심리적 구도

©동중우 2017

1판1쇄	2017년 9월 1일
지은이	동중우
펴낸이	강민철
펴낸곳	㈜컬처플러스
편집	고혜란
디자인	조정화
제작	한기홍
홍보	강지석
출판등록	2003년 7월 12일 제2-3811호
ISBN	979-11-85848-06-8 (03680)
주소	(우)04557 서울시 중구 퇴계로 39길 7, 5층 (필동 2가, 윤미빌딩)
전화번호	02-2272-5835
전자메일	cultureplus@hanmail.net
홈페이지	www.cultureplus.com

「이 도서의 국립중앙도서관 출판예정도서목록(CIP)은 서지정보유통지원시스템 홈페이지 (http://seoji.nl.go.kr)와 국가자료공동목록시스템(http://www.nl.go.kr/kolisnet)에서 이용하실 수 있습니다.(CIP제어번호: CIP2017020522)」

값 17,000원

영화감독과
심리적 구도

동중우 지음

컬처플러스

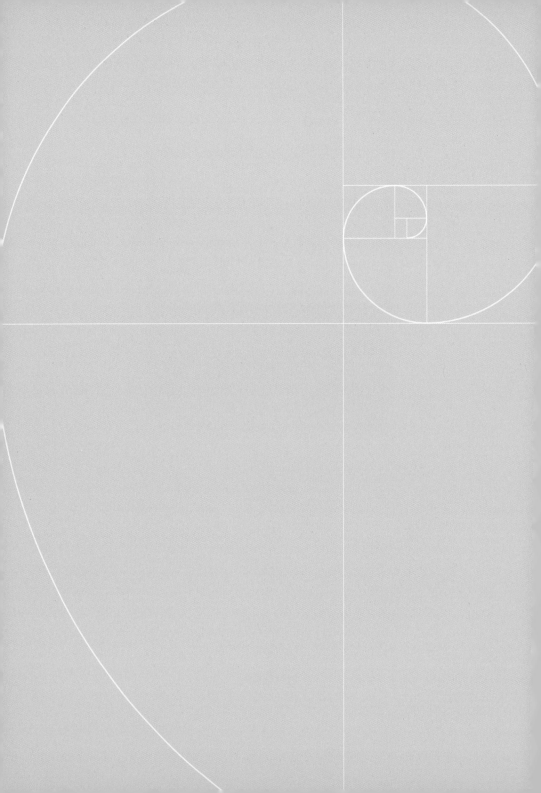

영화와 샷

21세기는 영상의 시대다.

하루에도 세계에서 엄청난 양의 영상(영화)들이 만들어지고 있다.

영상의 홍수 속에 사는 우리들은 어떻게 영화를 받아들이고, 어떤 방식으로 영상과의 커뮤니케이션을 하고 있는지, 좋은 영상은 무엇이고, 영화 콘텐츠가 풍부한 영화는 어떤 영화를 말하는 것인지에 대한 고민을 하고 있다.

이 책에서 말하고자 하는 주된 내용은 샷(Shot)의 기본적 이론이다.

수많은 영상(영화) 자료들이 쏟아져 나왔음에도 불구하고 명확한 샷(Shot)의 이론이 전무한 상태. 현재 샷(Shot)의 이론은 인상비평 수준의 이론에 머물고 있는게 현실이다. 필자는 현장에서 40년 동안 샷(Shot)에 대해서 고민하고 논문으로 박사학위까지 받았다. 논문의 주요 내용은 샷(Shot)에서 심리적(心理的) 요인이 발생한다는 기본적인 이론이다. 영화의 태동이 프랑스라면, 샷(Shot)의 이론적 원형은 일본 헤이안(平安) 시대의 두루마리 그림이다. 여기에서 샷의 근원을 찾을 수 있었다. 이런 이론으로 영화를 만든 대표적 일본영화감독으로는 오즈 야스지로, 미조구치 겐지, 나루세 미키오 감독을 들 수 있다. 이들은 회화의 삼원법(三遠法)과 삼경법(三境法)을 카메라 워킹에 인용해 영화를 만들었다. 로우 앵글(Low angle)과 픽스 샷(Fix shot), 사이드 앵글(Side angle), 피사계 심도 기법, 크레인 샷(Crane shot), 달리 샷(Dolly shot) 등이 구현됐다.

컷(Cut)은 영화의 최소 단위이며, 샷(Shot)은 화면의 종류나 구도상의 용어라 할 수 있다. 샷(Shot)의 특성에 따라 영화의 심리 상태가 전혀 다르게 나타난다. 크게 두 가지 특성으로 나타나는데 객관적 심리를 표출해 주는 롱 샷(Long shot: 롱 샷은 템포가 느리고 완만하면서 심리적으로 편안한 감정을 나타낸다)과 주관적 심리의 클로즈 업(Close up: 클로즈 업은 템포가 빠른데다 주관적 사고를 유발해 심리적인 불안감을 화면에 표출한다)이다.

이런 기법을 사용한 오즈 야스지로, 미조구치 겐지, 나루세 미키오, 빅토르 에리세, 벨라 타르 감독의 작품들이 어떤 특징으로 화면에 나타나는지를 집중적으로 분석했다. 일본 헤이안(平安) 시대의 두루마리 그림을 원형으로 삼고자 했던 세 감독과 스페인 출신 감독 빅토르 에리세(Victor Erice)의 작품들을 통해 실증적으로 샷이 어떻게 심리적 표현기법으로 작용하는지 분석하고자 한다. 샷의 기본을 등외시한 영상이론은 설계도 없이 건축한 건물과도 같다. 시대에 따라서 샷의 특성이 다르게 나타나는데 그것은 당대의 문화나 사회 현상과 무관하지 않다. 샷은 그 시대의 거울과 같기 때문이다. 1980년대 이전 시기에 샷의 사이즈나 템포가 크고 느리게 나타났다면, 현대 영상에서는 샷의 크기 면에서 변화가 많으며 영화적 템포가 빠르게 나타난다. 만약 오즈 야스지로 감독이 현대에 와서 영화를 만들었다면 전혀 다른 영화가 나왔을 것이다.

나는 영화를 처음 접하는 학생들에게 이 책을 권하고 싶다. 영화에서도 기본이 없는 명작은 없다. 기본에 충실하지 않은 영상 미학은 겉만 화려한 그림의 나열에 지나지 않다. 즉, 거짓된 영상일 뿐이다. 혼(魂)이 없는 영상은 단순한 그림의 연속적 편집만이 있을 뿐이다.

왜 롱 테이크(Long take)기법이 필요한가? 에리세 감독에게 물어보았고, 오즈 야스지로 감독의 로우 앵글(Low angle)과 픽스 샷(Fix shot), 미조구치 겐지 감독의 크레인 샷(Crane shot), 나루세 미키오 감독의 달리 샷(Dolly shot)기법들은 영화의 형식을 더욱더 진보시킬 수 있었다. 더 큰 바람으로 우리나라에도 이와 같은 감독들이 나오기를 고대한다. 영화의 뛰어난 콘텐츠와 무한한 상상력은 영상 미학 특히 샷(Shot)의 다양한 형식으로 나타날 수 밖에 없다. 이 책이 나오기까지 많은 도움을 준 최광호 사진작가, 나의 인생과 영화의 멘토이신 박평식 영화평론가님, 서강대학교 영상대학원 김학순 교수님께 깊은 감사의 마음을 표한다. 그리고 우리 가족의 든든한 버팀목 우명은, 동예지, 동예원에게 이 책을 바친다. 끝으로 나의 원고를 정성스레 책이라는 그릇에 담아 준 ㈜컬처플러스 강민철 대표와 편집진, 디자이너들에게 감사를 전한다.

우리나라에서도 벨라 타르(Bèla Tarr, 헝가리), 알렉산드로 소쿠로프(Aleksandr Sokurov, 러시아), 파벨 포리코브스키(Pawel Pawlikowski, 폴란드) 같은 영화 작가들을 능가하는 영화감독들이 많이 나왔으면 좋겠다. 부족하나마 이 책이 우리나라 동량들이 그러한 꿈을 이루는데 작지만 유용한 도구로 쓰임새가 있었으면 하는 마음이다. 우리나라에서 세계적인 영화감독들이 많이 탄생하기를 기대하면서…

2017년 늦여름
동중우 호원영상연구소에서

동 중 우

목차

요약

지난 1950년대는 일본영화의 새로운 지평을 여는 시기였다. 수많은 작품이 쏟아지고 뛰어난 예술영화가 제작되는 일본영화사의 황금기로 볼 수 있다. 이 시기에 탄생한 작품들이 오즈 야스지로 감독의 〈부초 浮草〉(1959), 〈동경이야기 東京物語〉(1953), 미조구치 겐지 감독의 〈우게쯔 이야기 雨月物語〉(1953), 나루세 미키오 감독의 〈부운 浮雲〉(1955)이다. 이들은 철저한 작가주의적 연출론으로 형식과 내용면에서 완성도를 극대화시켰다.

일본영화는 1912년 니카츠(日活), 1920년에 쇼치쿠(松竹) 등 대형 영화사들이 등장하면서 기틀을 마련했다. 미국 헐리우드 시스템을 모방해 스튜디오를 만든 일본영화사들은 한해 약 400~500편의 영화를 선보였다.

1930년대를 거치면서 오늘날 일본영화사의 거장으로 평가받는 3명의 감독들이 활동하기 시작했다. 그중 미조구치 겐지 감독은 〈고향〉(1930), 〈기온의 자매들〉(1936), 〈잔기꾸 이야기〉(1939)에서 탁월한 몽환적 앵글을 보여주었다. 오즈 야스지로 감독은 〈젊은 아가씨〉(1930), 〈태어나 봤지만〉(1932), 〈지나가는 마음〉(1933), 〈부초이야기〉(1934), 〈외아들〉(1936) 등의 작품을 통해서 일본적인 영화 스타일을 창조했다. 마지막으로 이 시기에 꽃을 피운 감독은 나루세 미키오 감독이다. 그의 주요 작품은 〈찬바라 부부〉(1930), 〈순정〉(1930), 〈변덕쟁이 기차에 오르다〉(1931), 〈화복 1, 2부〉(1937) 등을 꼽을 수 있다. 그는 종종 미조구치 감독이나 오즈 감독과 비교되면서도 그만의 독자적인 영화 형식을 구현한 감독이다.

1930년대는 유성영화의 도입으로 일본영화에 큰 전환점을 만들었다. 당시 일본영화 중에는 세상살이의 어려움을 극복하고 하루하루 어렵게 살아가는 소시민의 애환을 담은 작품들이 쏟아졌다. 그 대표적인 감독으로 오즈 야스지로를 꼽을 수 있는데 그의 작품 〈태어나 봤지만〉(1932)을 보면 당시 서민들의 생활상을 생생하게 포착하면서 불황 속에서 참담하고 빈곤하게 살아가고 있는 일본인들의 모습을 가장 사실적으로 표현한 탁월한 감독임을 알 수 있다. 1950년대로 들어서면서 일약 일본영화는 세계의 주목을 받게 된다. 구로사와 아키라의 〈라쇼몽〉(1950)은 베니스 국제영화제에서 황금사자상을 수상했고, 미조구치 겐지의 〈우게쯔 이야기〉(1953)가 베니스 영화제에서 은사자상을 받았다. 오즈 야스지로는 이 시기에 〈도쿄 이야기〉, 〈부초〉를 내놓아 서양인의 주목을 받게 된다. 또 나루세 미키오 감독은 〈밥〉, 〈산울림〉, 〈부운〉, 〈흐르다〉 등을 선보였다.

당시 이들 세 감독이 가졌던 영화적 화두는 인간 탐구와 독창적 영화 형식으로 압축할 수 있을 것이다. 정적인 화면구조, 몽환적인 앵글, 의식의 흐름을 따라가는 카메라의 움직임은 마치 감정의 리듬까지 표현하려는 보편적인 영화의 정수를 포착한 것이나 다름없다. 철저한 인간 탐구와 사랑, 영화적 스타일에서 표현할 수 있는 구도의 아름다움은 마치 회화적 구도와 맞물려 있기도 하다. 즉 이들 세 감독들은 회화 이론을 영화에 적극 활용하여 일본영화의 새로운 조형성을 마련했다.

원근법을 이용한 화면의 깊이와 수평적 구도를 이용한 화면의 안락함, 외심적 원근법을 이용한 몽환적 크레인 샷(Crane shot), 극적인 이야기 구도의 일본 헤이안(平安) 시대 두루마리 그림의 회화기법 등이 카메라 시점을 확장시켰다. 나아가 이 기법은 영상의 깊이 있는 무게를 한층 더해 주었다.

서양화의 원근법은 고정된 한 눈의 관점에서 사물(피사체)을 보는 양 가시적 공간을 구성한다. 반면 동양화는 다원적이면서 움직이는 시점을 가지고 있다. 회화의 고정성과 영화의 움직임을 이들 세 감독들은 자유롭게 화면에 풀어놓은 셈이다.

그림을 한 눈으로 본다는 것이 서양화의 논리라면, 동양화의 논리는 다원적 시점에 근거한다. 동양적 선(禪)이 추가되면서 카메라 시점이 확충된다.

세 감독들에 의한 화면 내의 시점과 화면 밖의 카메라 시점에 대한 발견은 세계 영화사의 영상 문법을 체계화하는 계기가 되었다. 세 감독들이 지향했던 회화적 기법의 영상이 현대 영화감독들에게 많은 것을 시사해 주었다. 현대 영상의 상징이 된 인위적이고 난잡한 화면, 빠른 템포와 이유 없는 영상의 이동 등이 과연 진정한 영상 언어로 자리매김할 수 있는지 우리는 세 감독에게 질문을 던지는 것이다.

이들 세 감독에게 영향을 받은 프랑스 누벨바그(Nouvelle Vague) 감독들(프랑수아 트뤼포, 장 뤽 고다르, 클로드 샤브롤, 알랭 레네)과 헝가리 출신 감독 벨라 타르(BÊla Tarr), 러시아 감독 알렉산드로 소쿠로프(Aleksandr Sokurov), 뉴 저먼 시네마 감독들(빔 벤더스, 라이너 베르너 파스빈더, 베르너 헤어조크), 중남미 영화 감독 빅토르 에리세(Victor Erice)에게 이르러 회화적 영상기법이 꽃 피우게 되었을 뿐 아니라, 유동적 회화론 영상 예술의 새로운 지평도 열리게 되었다.

I

유동회화론과
회화적 영상 미학

르네 마그리트의 그림 〈변증법 예찬〉

1

오즈 야스지로, 미조구치 겐지, 나루세 미키오 작품에 나타난 샷Shot 특성

20세기 초 미국의 몇몇 연극학자들에 의해 제기된 유동회화론(Moving Picture, 流動繪畫論)은 현대 영화에 많은 반향을 일으켰다. 연극학자 빅토르 프리버그(Victor freeburg)는 그의 저서 〈영화 제작술 The art of photoplay making〉(1918)에서 "영화는 회화와 닮았을 뿐 아니라 그것으로부터 많은 것을 이어 받았다. 영화의 본질적인 특성은 시각적 움직임을 기록하여 전달하는 것이다. 그래서 영화는 이러한 영상적 움직임의 단일한 구성이다. 각 화면은 마치 그림 같아야 한다. 나는 영화를 회화로 섬긴다. 즉 회화 이외의 어떤 것에서 이어 받은 것은 아니다. 영화가 우선적으로 개선해야 하는 것은 회화적 측면이다" 라며 회화와 영화의 불가분의 관계를 설명했다. 다시 말해 회화의 '정지된 화면 속에서도 움직임이 살아난다'는 유동회화론은 이후 영화에서 매우 중요한 개념으로 떠올랐다. 회화에서 '정중동(靜中動)'이 영화에서는 반대로

'동중정(動中靜)'의 미학을 탄생시킨 것이다.

이러한 영화 미학의 탐구는 일본의 1세대 감독인 미조구치 겐지, 오즈 야스지로, 나루세 미키오에 의해 더욱 심화되고 완성되어 초기 일본영화의 기틀을 마련했다. 현란하지 않은 카메라 기법, 정적인 화면구도, 정지된 형태의 회화미를 적극 작품에 끌어들여 영화의 완성도를 높여 주었다. 현대 영화인들에게 반기라도 들듯이 이들 세 감독들은 철저하게 작가주의 영상시대를 개척했다. '영화는 회화와 동거할 수 있는가. 만약 이것이 가능하다면 어떤 영화적 형식으로 발전할 수 있을까' 세 감독들은 이런 물음들을 자기 작품에 적용시켜 수준 높은 영화들을 만들었다. 그들은 '정지된 형태에 의한 회화미(繪畫美)'와 '유동적 형태에 의한 회화미' 등 두 가지 형식으로 영화를 제작했다. 첫 번째 정지된 형태에 의한 회화미로 영화를 발전시킨 감독은 오즈 야스지로였고, 두 번째 유형의 영화를 만든 감독은 미조구치 겐지와 나루세 미키오 감독이다. 예를 들어 오즈 야스지로는 영화 〈부초〉에서 카메라가 내적 공간에서 일탈하여 어느 작은 부두를 향하게 함으로써 감독의 시선을 옮겼다. 인서트 화면 하나하나에 나타나는 회화적 구도의 샷(Shot) 기법에서 카메라는 감독의 눈이 되어 피사체를 아주 조용하게 관조하는 정적인 회화의 극치를 보여준다. 회화적 공간과 영화적 공간이 서로 무리 없이 병치할 수 있는가를 확인해 주는 아주 극적인 작품이다. 또한 이 시기에 오즈 야스지로와 견줄만한 감독이 미조구치 겐지 감독이다. 몽환적인 회화 구도는 영화의 영상 언어를 확장시켜 주었다. 그의 영화에는 언제나 동적인 가운데 정적인 동양의 선(禪)이 흘렀다. 그의 대표작 〈우게쯔 이야기 雨月物語〉에서 나타난 현실과 환영의 앵글들을 몽타주 기법이 아닌 카메라 기법으로 영화의 품

격을 높였다.

이 두 영상법을 융합시킨 감독이 바로 나루세 미키오 감독이다. 겐지는 미장센 영상이 완벽하고 의미론적으로도 풍부함이 있는 보편적 영화를 만들었다면, 오즈는 미장센보다는 외향적 스타일에 치중했다. 반면 빛의 조련사인 나루세는 현대적인 것들을 다루면서 자신이 체험하거나 깨닫지 않고서는 표현할 수 없는 작은 떨림조차도 놓치지 않았다. 일반적인 것들을 조합한 그는 보편적인 것 같으면서도 비범한 영화를 만들었다.

나루세와 오즈는 그 시대 서민들의 진솔한 생활상을 카메라 렌즈에 담는 데 성공한 감독들이다.[1] 평범하면서도 비범하고, 진부할 것 같으면서도 독특한 영화의 이야기들을 다양한 형식으로 만들어갔다. 촬영의 과학적 기술이 가부키(歌舞伎), 문학, 회화 등의 민족적 전통 문화와 혼합되어, 영화는 일본에서 풍요로운 문화 영역으로 자리 잡고 그 자신만의 개성을 발전시켜 일본영화의 기틀을 마련했다.

이렇게 위 감독들은 샷(Shot)의 이론적 원형을 일본 전통회화에서 찾았다. 일본 전통회화의 특징은 한마디로 화려하면서도 섬세하고, 근경 중심의 구도와 색채감각이 뛰어나다. 또한 과장과 생략이 두드러져 표현주의적 성향을 갖고 있다. 이들 세 감독들은 이런 특성을 자신들의 영화 제작에 도입한 것이다. 이를 위해 그들은 전통회화의 표현 후퇴(表現 後退), 원근 대비(遠近 對比), 전경 확대(前景 擴大), 후경 확대(後景 擴大), 전경

---

1   쇼민게키(庶民劇). 서민에 관한 연극 또는 영화. 무성 영화 시대부터 50년도까지 번성하였다가 경제적 성장과 더불어 조금씩 쇠락한 영화의 한 장르. 오즈 야스지로, 나루세 감독은 전쟁 전과 전쟁 후에도 활약한 이 장르의 대가들이다. 이 장르는 현재 대중 코미디 속에 그 흔적이 남아 있다.

축소(前景 縮小) 기법들을 영화 작품에 대입했다. 그 결과, 이들은 현대영화의 문법을 체계화시켰을 뿐 아니라, 샷(Shot)이 차지하는 심리적 미학의 새 지평을 열었다.

이와 같은 인식에서 세 감독들이 전통 회화의 기법들을 어떻게 영상 구도 문법에 적용시켜 왔는지 그 상관관계를 이 책에서 밝히고자 한다. 그리고 회화적인 화면 구성법이 세 감독들의 작품에 어떤 영향을 주었는지 살펴볼 것이다. 나아가 일본회화에 나타난 이 구도와 영상의 앵글(Angle) 사이에 어떤 유사점이 있는지, 더불어 이런 회화적 기법의 영화들이 어떻게 1950년대 세계 영화사에 영향을 미쳤는지 탐색하는 계기를 마련할 것이다.

2
삼원법三遠法과 삼경법三境法

일본 전통회화의 미학적 원리는 화려한 색채감각과 섬세한 장식성, 시각의 빠른 변화 템포, 근경 중심적인 구도, 과장과 생략이 두드러진 표현주의적 성향을 꼽을 수 있다. 따라서 본 책에서는 이러한 경향들을 회화사적 이론배경과 공간미학적 차원에서 먼저 탐구한다. 본 책에서 시도하는 작품분석은 오즈 야스지로(小津安二郎)의 〈부초 浮草〉, 미조구치 겐지(溝口健二)의 〈우게쯔 이야기 雨月物語〉, 나루세 미키오(成瀨巳喜男)의 〈부운 浮雲〉으로 한정했다. 오즈 야스지로는 전경 확대와 평원법을 이용한 픽스 샷(Fix shot)을 작품에 도입시켰으며, 미조구치 겐지는 외심적 구도법과 고원법, 심원법을 이용한 크레인 샷(Crane shot)을 창조했다. 마지막으로 나루세 미키오는 삼원법과 삼경법을 합친 복합시점 카메라인 달리 샷(Dolly shot)을 영화에 도입했다. 세 감독 작품 속에 나타난 샷(Shot)의 미학적 원리를 분석했다. 한 컷(Cut)에 나타난 영화의 시간적, 공간적, 미학적 특색은 전통적 회화 구도 기법과 어떤 상관관계가 있는지 연구 비교했다.

따라서 본 책은 이들 세 감독들이 차용한 위의 세 가지 기법들을 분석하면서, 동양화의 삼원(평원 平遠, 고원 高遠, 심원 深遠)법과 삼경(전경 前境, 중경 中境, 원경 遠境)법을 중심으로 회화적 구도와 영상의 앵글(Angle), 다양한 샷(Shot)의 변화를 추적했다. 또 전통적인 원근법과 피사계 심도, 조명의 깊이와 채색의 농담, 렌즈(Lens)의 특성과 운필법 간의 상관관계를 살펴보았다.

II

일본 전통적인
회화의 공간 미학

후지와라노 타카요시(藤原隆能)의 〈겐지모노가타리(源氏物語)〉 중의 어법(御法)

일본의 회화 역시 일본 문화의 한 부분이기 때문에 일반 문화와 많은 특성을 공유하고 있다. 회화에서는 그것이 보다 세련되게 나타나 있다. 일본의 회화는 그 나라의 음식처럼 정갈하고, 담백하고, 산뜻하며, 모양이나 형식에 많은 신경을 쓴다. 일본회화는 장식성이 아주 강하다. 일본회화는 형식과 내용면에서 다음과 같은 특징들을 갖고 있다.

- 화려하고 장식성이 뛰어나다.
- 섬세하고 꾸밈새가 강하다.
- 끝마무리가 철저하다.
- 과장과 생략이 두드러져 표현주의적 성향이 짙다.
- 근경 중심적인 구도의 그림이 많다.
- 전통 화풍을 대부분 추종하고 있다.
- 색채 감각이 뛰어나다.[1]

일본회화는 대부분 잘 다듬어져 있고 끝마무리가 철저하다. 일본인들의 성격 영향을 많이 받았던 것으로 보인다. 이러한 영향으로 일본회화는 필묵법(筆墨法: 물기가 거의 없는 붓에 먹을 조금만 묻혀 사용하는 법)을 피하고 있다. 일본회화는 간결하고 요점적으로 미적 효과를 높이는 것을 최고의 가치로 친다. 또한 일본회화에서 가장 두드러진 특징은 어느 나라의 회화보다도 근경 중심적이라는 것이다. 물론 근경에 중점을 두는 현상은 어느 나라에서도 나타나는 현상이지만, 유독 일본회화에서는 가장 명백

1 이성미·安輝濬, <동양의 명화6>, 등불:서울, 1986, page131

하게 화면 구도법을 사용한다는 사실이다. 근경을 집중적으로 강조하거나, 경우에 따라서는 과장해서 원경을 대담하게 생략하거나 시사적으로 표현함으로써 매우 극적인 효과를 창출한다.

따라서 일본회화에서는 원경이나 후경은 근경의 장면을 극적으로 고조시키는 보조적 역할을 담당할 수단으로 사용된다. 화면에서 근경 ⇒ 중경 ⇒ 원경으로 이어지면서 점진적인 후퇴나 고조감을 나타내는 효과는 덜 사용하고, 근경의 극적인 표현 다음에 중경은 대부분 생략시켜 원경으로 넘어간다. 이런 경우 원경의 장면들은 생략되고 시사적인 효과만 나타난다. 따라서 일본회화에서는 시각적인 템포가 아주 빠르게 나타나며 지루하거나 완만한 화면 구성을 갖지 않는다. 이런 현상들로 인해 일본회화는 표현주의적인 성향을 갖게 된다. 또한 일본회화의 두드러진 특징 중 하나는 뛰어난 색채감이다. 일본의 색채는 밝고, 산뜻하고, 장식적이고, 섬세하고, 선명하고, 감각적이다. 또 일본의 색채는 가벼우면서도 강렬하게 화면에 나타난다. 이러한 이유 때문에 은은하고 중간색을 좋아하는 한국인들의 미의식과는 다르게 나타난다. 일본회화는 중국의 유교적 고전을 그려 보거나 그것에 집착하는 경향이 아주 적다. 일본인 소재, 일본의 역사적 사건 등을 적극적으로 작품 속에 투영시킨다. 일본의 풍물이나 풍속이 그곳의 자연을 배경으로 그림에서 자주 다루어졌고, 이것이 결국 일본회화를 더욱더 일본적이게 만든 요인이 된다. 이러한 일본의 회화적 현상들은 나중에 세 감독의 영상에 많은 영향을 주었다.

1

세 감독의 영상기법과 전통회화, 원근법

세 감독의 작품에 나타난 영상의 깊이는 전통 원근법 기법인 삼원(고원 高遠, 심원 深遠, 평원 平遠)법과 삼경(원경 遠境, 중경 中境, 근경 近境)법에서 기인한다. 공간의 깊이를 나타내는 방법에서 영상은 카메라 심도에서 표현법을 찾았고, 전통적 회화는 채색의 농담, 운필법 그리고 삼원법에서 그 근원을 찾았다. 세 감독들은 이러한 회화적 원리를 화면의 깊이를 창조하는데 활용했다.

산수화가 구도적으로 원경, 중경, 전경의 공간 구성을 갖고 있기는 하나 그것이 고전 회화의 삼각구도나 바로크적인 원근법의 사상과 동일시한다는 사실을 인정해야 한다. 삼재(天, 地, 人) 사상이 곧 황금비례(황금분할)[2]의

---

2 황금분할 : 피사체의 배치를 좌우 어느 쪽이든 약간 한 쪽으로 쏠리게 하며 한쪽이 더 많은 공간을 차지

사상과 동일한 것임을 알 수 있다.

소점에서 형성되는 원경(遠境)은 슈펭글러[3]의 무한 공간의 의미와 다를 것이 없다. 여백(餘白)의 사상은 여러 가지로 회화 이론가에 의하여 제기되고 있으나 무한적인 개념과 차이가 없다. 소점(消點)에서부터 화면의 깊이를 이루는 배경(遠境)이 무한(天界)이며, 빛의 원리에 따라 소점(消點)에서 관자(觀者) 앞으로 향하는 화면의 중간(近境)에 인계(人界)의 공간이 펼쳐진다. 관자와 가장 가까이 있는 전경이 지계(地界)이다. 인계(人界)가 황금비례의 공간에 이루어진 것이다.

따라서 산수화에 있어서 원근법은, 보이지 않는 것(無限)과 보이는 것(具體的)의 중간적(中庸的)인 것을 확인하는 데 있다. 서구적인 원근법이 사진적인 원근법을 삼았다면 산수화에 적용되는 동양화의 원근법은 관념적인 원근법이라 할 수 있다. 사진적인 원근법은 사물의 모습이 먼 곳에서부터 가까이 올수록 그 거리의 비례에 맞게 점진적으로 구체화 된다. 즉 거리에 비례하여 사물의 구체성이 지속적으로 더해 간다는 특징이

하게 한다. 이렇게 화면을 구성하면 우리의 시선은 자연 넓은 쪽으로 가기 마련이고 방향이 유도되는 중에 인물을 보게 되고, 따라서 화면의 안정을 얻게 된다. 기하학적으로 산출해 보면 1:1.618(5:8) 가로와 세로의 관계다. 이 비율이 비교적 우리에게 안정된 미감을 준다.

3   오스발트 슈펭글러(Oswald Spengler, 1880~1936)
그는 원근법을 파우스트적 정신에 비유하며, 아폴론적 정신과 대치되는 개념으로 규정 한다. 아폴론적인 정신이 손으로 만질 수 있는 현실적인 사물만을 대상으로 하는 정신이라면, 반면에 파우스트적 정신은 사물 속에 존재하는 것. 즉, 한계가 없는 순수 공간을 지상의 것으로 보려는 이론이다. 우주의 신비성을 인간의 사유나 감정을 통하여 이해하려는 논리이다. 모든 문화는 살아 있는 유기체와 마찬가지로 유년기, 개화기, 성년기 그리고 몰락의 시기를 거친다는 역사 철학적 구상이다. 슈펭글러는 이집트, 바빌론, 인도, 그리스, 로마, 아랍, 멕시코 그리고 서양의 문화를 구분했으며 이 과정에서 민주주의로부터 전체주의적 상황으로 변화할 것이라고 예견했다. <서양의 몰락> 중에서.

있다.

그러나 산수화의 원근법은 지속적이 아니라 비약적인 것이라 할 수 있다. 원경, 중경, 전경의 구체적인 증진도 세 단계로 비약되어 있다. 마치 세 개의 각기 다른 시점에 의해 포착된 풍경을 하나의 원근법적 질서에다 배치한 것처럼 보인다. 따라서 원경과 중경 사이에, 혹은 중경과 전경 사이에 각기 사진적인, 혹은 구체적인 원근법 감각이 생략되고 채색의 농염(濃艶)과 같은 특수한 기법으로 구분 한다. 이런 기법을 표현 후퇴라 하지만 결과적으로는 시각의 삼재사상을 표상하기 위한 것이다. 전경, 중경, 원경〈그림1〉 중 여백으로 나타나는 원경은 인간의 힘이 못 미치는 어떤 영원성을 강조시키는 공(空), 무(無), 허(虛), 시원(始源)과 같은 것이며, 중경으로 많이 나타나는 산, 기암괴석들은 인간이 지상에서 체험할 수 있는 것의 가장 큰 형체이다. 전경에 의해 가까이 느낄 수 있고 시각화할 수 있는 구체적인 사물들은 인간의 시각에 친숙할 수 있는 가장 평범한 피사체들이다.

이러한 기법들을 이용해서 세 감독들은 화면의 깊이를 창조하는 동시에 카메라 시점을 새롭게 발견했다. 오즈 감독은 평원(平遠)법을 이용한 아이 레벨(Eye level) 카메라로 사물을 낮게 관찰하는 구도를 만들었다. 미조구치 감독은 심원(深遠)법을 이용해서 화면이 다채로웠다. 위에서 보는 화면은 피사체가 부양되는 효과와 함께, 인물들이 일체화되면서 역동적인 화면으로 변하게 된다. 나루세 감독은 삼원(平遠, 高遠, 深遠)법을 이용하여 카메라의 새로운 이동시점을 발견한다.

또한 이 삼원법은 카메라 위치에 따른 촬영각을 발견하게 된다. 오즈 감독이 자주 사용한 아이 레벨 카메라는 삼원법을 이용해 피사체보다 낮은 앙각 촬영을 많이 했다. 로우 앵글(Low angle)로 촬영한 화면은 카메라 이동이 없는 스트레이트 컷(Straight cut)으로 작품에 나타났다.

이와 같은 촬영을 통해 야스지로 영상은 회화적 아름다움과 영상의 진실성을 화면에 담을 수 있었다. 미조구치 감독의 크레인 샷(Crane shot)은 고원법과 심원법을 이용해 부감 촬영(俯瞰撮影: 피사체가 실제보다 작게 표현되며 피사체를 위시한 부분들을 단순화 시켜주면서 조형적 질서를 만들어준다. 일상성을 넘어선 신비로운 심상풍경으로 승화시키는 앵글이다. 또 화면의 깊이나 높이를 강조하는 촬영 각도이다) 카메라 기법을 그의 영화에 많이 활용했다.

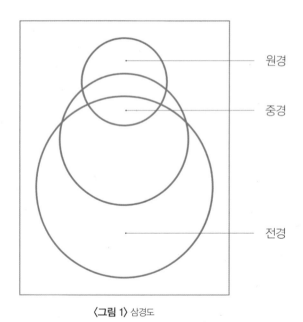

〈그림 1〉 삼경도

산수화에서 정식으로 시각을 유심히 관찰했던 사람은 중국 북송(北宋) 시대의 곽희(郭熙)[4]〈그림3〉였다. 그는 자신의 그림에서 삼원법(三遠法)〈그림2〉이란 시각을 발견하게 된다. 고원(高遠), 심원(深遠), 평원(平遠)이 있다고 보았다. 고원은 산 아래에서 위로 올려 보는 시각(앙각 기법)이며, 심원은 산 위에서 산 아래를 내려다보는 시각(부감 기법), 평원은 가까운 산에서 먼 산을 바라보는 시각이다. 고원은 가장 높은 것, 심원은 앞뒤로 겹겹이 늘어선 산악의 깊은 형세를 표현하기 위해 사용하는 조감 투시법, 평원은 평평한 것(Eye level)의 시각적 의미가 된다. 고원의 색은 청명(淸明)하고 심원의 색은 중회(重晦: 어둡다)하다. 평원의 색은 명(明)과 회(晦)로 표현할 수 있다. 이것이 색상의 분석이다.

고원과 심원의 시각은 외심적 원근법(外心的 遠近法: 화면 안에서 소점의 구도가 없어진 것을 의미 한다. 그러나 이 소점이 없어졌다 하더라도 인물이나 사물들이 이 시점의 지배를 받는다)〈그림4〉에서와 같이 구도상으로 소점이 밖으로 나가 있다.

고원은 소점이 땅 밑에 있다. 이처럼 고원법 구도의 시점은 수평선 아래에 있으므로 고원법 구도의 산수화는 마치 산 아래에서 산 정상을 올려다보는 느낌이 든다. 심원은 소점이 빛의 확산에 따라 공중으로 부양

---

4 북송 시대의 화가로서 권운준법(卷雲皴法, 동양적 음양법)으로 산과 바다를 그리고 해조법(蟹爪法, 게발가지법)으로 나무의 가지를 그렸다. 그는 이론에도 밝아 임천고치집(林泉高致集)이란 화론 속에서 삼원법(三遠法)을 피력하여 동양화에 많은 업적을 세운 화가다. 그는 실제로 산수에 대한 깊은 관찰과 체험을 강조해 직접 산천에 가서 산을 보는 각도, 계절, 기후 등 여러 조건에 따라 만들어지는 자연 변화를 가까이에서 관찰했다. 그는 산수화로 동양의 노장(老莊)사상에 가장 접근한 그림을 그렸다. 그의 대표작으로 두루마리 기법으로 그린 〈강산제설도 江山霽雪圖〉(1072)가 있다.

되는 착각을 일으켜 구도적으로 역동감 있게 표현된다. 심원은 원근감의 깊이를 더해 주는 시점이다. 이 심원법 구도의 시점은 수평선 위에 있다. 따라서 심원법 구도의 산수화는 마치 앞에서 산 뒤를 넘어 보는 것 같으며, 중첩(重疊)의 느낌이 있다. 심원법에서 나타나는 중첩된 느낌은 화면을 더욱 입체적인 그림으로 만드는 기법이다. 중첩 즉, 화면상에서 어느 하나의 조형이 다른 조형의 어느 부분을 보이지 않게 덮는다. 하나는 앞에 하나는 뒤에 배치함으로써 자연적으로 공간감(空間感)이 만들어진다. 평원은 시점이 정시도와 같은 위치에 있어 화면을 안정되게 만들어 준다. 따라서 삼원(三遠)법의 시각을 하나의 화면 위에 동시적으로 표현한다면 이것은 삼위일체(三位一體)의 비례사상(比例思想)이 된다.

이 삼원 구도법에서 유의해야 할 점은 산을 바라보는 시점(視點)[5]이 근대적 시점과 크게 다르다는 점이다. 이것은 성스러움의 시점이다. 즉 소점(消點)이어야 한다는 논리다. 산수화는 근본적으로 신선들의 시각이다. 고조선기(古朝鮮己)에 나오는 하시삼위태백(下視三危太伯)[6]의 개념이 실제 사례가 될 수 있다. 이를테면 올림퍼스의 경우처럼 신선이나 한울림이 산을 바라보는 시점을 말한다. 그들이 산을 본다는 시각은 인간적 척도(Human scale)가 아니라 절대적인 우주 자연의 법칙을 말한다.

5 시점이란 곧 절대자의 지위나 질서를 부정하는 개인의 반항적인 눈을 의미하는 것이며 동시에 시점을 근대적인 자아와 동일한 개념으로 이해할 수 있다.

6 일연이 쓴 <삼국유사 三國遺事>의 고조선기에는 '환인(桓因)이 그의 아들이 천하를 다스릴 뜻이 있음을 알아차리고 나라를 세울 만한 장소를 물색하기 위해 삼위태백(三危太伯)을 내려다 본다'라고 했다. 여기서 내려다 본다(下視)는 뜻은 곧 풍수지리를 본다는 뜻과 같다.

이러한 의미에서 삼원은 절대적 시간과 공간을 의미하는 '올림퍼스 시각(Olympus view point)'이라 할 수 있다.[7] 이렇듯 세 감독들의 카메라 시점은 전통적 회화 시점에 근원을 두고 이를 저마다의 카메라 아이(eye)로 작품에 투영해 완성도 높은 작품을 만든 계기가 되었다.

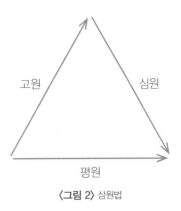

〈그림 2〉 삼원법

전체

부분 확대

〈그림 3〉 곽희(郭熙)의 〈강산제설도 江山霽雪圖〉(1072)

7   박용숙. 〈회화의 방법과 구도〉, 서울:집문당, 159page

전통적인 원근법 구도 중에서 오즈 야스지로, 미조구치 겐지, 나루세 미키오가 즐겨 사용한 주요 기법은 크게 두 가지다.

오즈 감독이 주로 차용한 '전경 확대(前景擴大)'[8]는 산이나 마을 혹은 인물 대신 부각시키고자 하는 피사체를 전경에 두면서 그것을 확대시키는 기법이다.

이 기법은 피사체가 중간자(中境)를 거치지 않고 직접 우리들의 시야 앞에 다가서게 하는 것이다. 이는 똑같은 소나무와 같은 피사체의 그림이라 할지라도 우리들의 시각에서는 서로 다른 반응을 일으키게 하는 효과가 있다.

특히 오즈 감독의 〈부초〉 작품 마지막 기차 씬(Scene)의 소년과 할아버지 인서트 장면에 전경 확대 기법이 사용됐다. 부 주제는 멀리 있게 되고, 주제는 부각되는 현상이 나타난다. 앞에 위치한 피사체와 뒤에 배치된 물체와 비교되는 샷(Shot)이다. 전경을 강조함으로써 자연적으로 중경과 원경이 생략되는 현상이 나타난다. 오즈 영화에서 대부분의 인서트 장면은 이 기법이 사용됐다.

미조구치 겐지가 즐겨 사용한 '표현 후퇴(表現後退)'[9]는 세로 화면에 수직으로 사선을 만들면 화면 양쪽에 깊은 것과 높은 것, 낮은 것과 구체적인 것으로 구성되는 것을 말한다. 즉, 높은 것과 낮은 것 혹은 구체적인 것들이 자욱한 안개, 이른바 공기원근법(공기 중의 수증기와 먼지로 인해서 먼 곳

---

8 같은 책, PP106-108

9 같은 책 PP100-102

이 비교적 모호하고, 명암이 약하며, 먹색이 담(淡)한 것을 말한다)으로 인해서 거리감의 연속적인 원근 묘사가 생략되어 있는 것이다.

따라서 구체적인 풍경과 높은 것의 풍경 사이에는 상당한 거리가 생략되어있다. 이와 같은 표현 후퇴는 초현실주의 회화에서 볼 수 있는 복합시점(複合視點)과 아주 밀접한 미적 감각을 자아내게 한다.

왜냐하면 어느 쪽이나 다함께 무한한 것의 시각과 현실적인 것의 시각을 배합하려는 의지를 갖고 있기 때문이다. 미조구치 겐지 감독은 〈우게쯔 이야기〉에서 겐주로와 와까사의 호숫가 사랑 장면을 이 기법으로 한편의 그림같이 잘 표현했다. 두 주인공과 배경 사이에 어떤 물체가 있더라도 후경이 또렷하게 나타나 전체적인 화면이 밝고 깊게 나타난다. 영상의 심도(피사계 심도)가 깊어져 팬 포커스(Pan focus)[10] 현상이 일어난다.

나루세 미키오는 이들 두 감독들이 사용한 전경 확대, 표현 후퇴와 중첩법(重疊法) 기법을 종합한 '수직적 원리'[11]를 그의 작품에 활용했다. 나루세 미키오 감독은 대립적 구도를 그의 영화에 도입해 인물이 주위 환경에 함몰되는 효과를 나타냈다. 양쪽 벽 사이의 피사체는 고립감을 만들어주

---

10 화면 속에 있는 모든 대상물들이 근경에서 원경에 이르기까지 초점이 전부 맞아서 선명하게 묘사되는 카메라 기법이다. 렌즈의 묘사력에 의해 공간의 깊이를 표현할 수 있다. 팬 포커스는 전체를 정확하고 구체적으로 묘사함으로써 육안으로는 확인할 수 없는 사실마저도 날카롭게 통찰하고 현상의 본질적인 것까지도 파헤치려는 성질이 있다. 객관적 사실 자체를 중시하는 시각이다.

11 수직적 구도는 크게 3가지 형태가 있다. 중추식(仲抽式)구도법-수직선을 화면 정중앙에 놓고 주제를 표현한다. 그 어느 쪽에도 편중되지 않고, 화면의 정중앙에 놓는다. 이 구도의 핵심은 사람들에게 일목요연하게 전달해 준다. 평분식(平分式)구도법-평분식 구도에서 수직선은 화면상에서 왼쪽 혹은 오른쪽에 배치한다. 이런 구도는 비교적 풍부한 움직임과 많은 변화를 가지고 있다. 대립식(對立式)구도법-두 개의 수직선을 화면 좌우에 배치하여 상호 대립과 호응의 구도를 형성한다.

었다. 〈부운〉에서 방황하는 유키코는 골목길을 배회할 때 좌우가 차단된 길을 걸음으로써 자기의 운명을 화면에서 암시해 준다. 수직적 원리는 구도에서 세로로 분할하는 기법으로 요약할 수 있다. 이 원리가 영화에서 사용될 경우 고립성, 폐쇄, 절망감 등을 나타내는 대표적 기법이다. 또한 나루세 감독은 부분 확대(部分擴大: 전체 화면 중 특별한 한 공간에 피사체를 부각시키는 기법), 원근 대비(遠近對比) 기법을 사용하여 달리 샷(Dolly shot)의 영상 미학 이론을 만들었다.

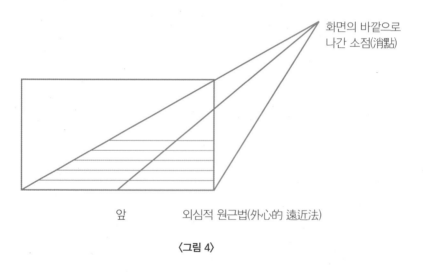

화면의 바깥으로
나간 소점(消點)

앞   외심적 원근법(外心的 遠近法)

〈그림 4〉

2

두루마리 그림繪卷, Panorama의 미학

미조구치 겐지 작품에서 끊임없이 이어지는 역동적인 장면들은 마치 헤이안(平安) 시대의 그림들을 횡적으로 펼쳐놓은 듯한 영상들이다. 크레인 샷(Crane shot)이 구사하는 앵글(Angle)의 다양성은 바로 두루마리 회화 기법(스크롤 샷, Scroll shot)에서 찾을 수 있다. 크레인(Crane) 기법을 이용하여 미조구치 겐지 작품을 신비적이고 몽환적인 화면으로 만들었다.

이 시대 대표적인 그림은 화면은 독립해 있고, 등장인물들의 복잡한 심리나 비극성을 임장감 있게 표현하는 데 그 특징이 있다.

9세기 말경부터 비롯된 카나(仮名)로 쓴 이야기에, 그림을 곁들여서 감상하는 즐거움을 배가시킨 모노가타리에마키(物語繪卷)는 농채(濃彩)에 의한 정지적인 정밀묘사와 단순한 선으로만 처리하는 회화기법으로 특히 귀족 여성에게 사랑을 받았다.

12세기 전반에 나타나는 〈겐지모노가타리(源氏物語)〉는 그 대표적인 작품으로, 한 장면마다 초서체의 가명에 의한 유려한 그림의 설명은 가로 두루마리 형식을 활용하여 시간과 공간의 신축자재한 표현을 가능케 하고 있다.

또한 이 기법은 연속되는 화면을 이용하여 설화의 시간적인 경과나 정경의 공간적인 전개, 등장인물들의 심리나 감정 등을 완급(緩急: 심리적 시간), 원근(遠近: 구도의 황금분할), 심천(深淺: Pan focus) 등을 통해 극적으로 표현하는데 유리했다.

다음에 열거하는 작품들은 미조구치 겐지의 영상과 흡사한 그림이다. 후지와라노 타카요시(藤原隆能)[12]의 〈겐지모노가타리 源氏物語〉 중의 어법(御法)〈그림5〉

〈겐지모노가타리 源氏物語〉는 헤이안 후기의 대표적인 순수 일본 문학 작품으로 11세기 전반 황실의 시녀였던 무라사키 시키부(紫式部: 978~1016?)가 자기 생활 주변에서 관찰할 수 있었던 귀족생활의 이모저모를 겐지(源氏)라는 왕자의 인생을 중심으로 엮은 소설이다.

〈겐지모노가타리〉는 그림이 서술적이 아니라 암시적이란 점에서 특이하다. 인물들의 동작에 의한 내용 설명을 목적으로 하지 않고, 정적 인물들 주위 환경, 그들이 자아내는 느낌을 통해서 사건의 분위기를 표출하는 것을 목적으로 한다. 실내 구조와 그 안의 인물들이 잘 보이도록 지붕을 과감하게 없애버림으로써 시각적 효과를 얻었다.

---

12 후지와라노 타카요시(藤原隆能, 1142-1205). 초상화 니세에(似繪, 어떤 사물을 똑같이 그리는 그림)에 정통한 화가. 와카(和歌, 36 음절로 된 일본 시)의 시인. 초상화가로 높이 추앙 받음.

〈그림 5〉 안휘담·이성미, 동양의 명화(후지와라노 타카요시 藤原隆能)의 겐지모노가타리(源氏物語) 중의 어법(御法)

전체 구도를 조금 위에서 내려다보듯이 묘사했고, 인물의 눈은 약간 위로 치켜진 선(線)으로, 코는 작은 갈고리와 같은 모양으로 간단하게 묘사했다. 건물의 벽이나 난간을 사선으로 처리했다. 즉 긴장감에 따라 의도적으로 각도를 다르게 하였다. 사선은 긴장감(슬픈 분위기)을 표현하는데 적절한 구도이다. 화면의 왼쪽에 보이는 바람에 날리는 가을 풀의 모습은 고요한 슬픔을 더해주는 고졸(古拙)한 구도다. 이 그림의 기법들은 가장 영상적인 파노라마(Side angle panorama) 형식을 취했다.

에마키모노 그림에 영향을 받은 감독은 끊임없이 이어지는 여러 가지 장면들의 역동적인 구도로 나아간다. 그의 영화에 자주 등장하는 원 씬 원 컷(One Scene One Cut) 기법은 에마키모노(그림 두루마리로 설명의 글이 곁들여 있음)에서 영감을 받은 것이다. 특히 미조구치 겐지 감독은 이 그림에서 고원(高遠)과 심원(深遠)기법을 활용한 다양한 카메라 시점을 발견함으로써 그의 영상 예술에 전환점을 만들어주었다.

작품분석

오즈 야스지로 감독의 〈부초〉 중 한 장면

1

오즈 야스지로小津安二郎 감독의
〈부초浮草〉와 〈동경이야기東京物語〉[1]

1 〈동경이야기〉(1953)는 〈사진 1-1~33〉 노부부를 통해서 전후 일본의 변화한 사회상과 전통적인 가족의
붕괴를 이야기한다. 단순히 전후 일본의 변화한 사회상과 전통적인 가족의 붕괴만을 이야기하는 영화라면
오늘날까지도 세계적으로 인정받는 영화가 되지는 못했을 것이다. 어느 한 시대에 국한된 이야기의 영화가
아니라 시대를 초월한 인생의 문제를 이야기하고 있는 영화다. 영상 또한 영화의 스토리텔링(Story telling)
만큼 단순하다. 카메라의 움직임은 전혀 없다. 오즈 야스지로 감독은 실내장면을 거의 모든 장면을 로우 앵
글(Low angle)로 촬영하였다. 단순한 영화의 이야기로 인해 무미건조한 영화가 될 수 있는 영화임에도 불구
하고 관객들을 영화에 몰입하게 만드는 건 결코 화려하지 않은 영상 때문이다. 〈동경이야기〉가 섬세한 영
화라고 말하는 이유는 평소에 생각해 보지 않았거나, 눈여겨보지 않았던 것들을 오즈는 미세한 영상을 통하
여 특징적으로 보여주고 있다. 〈동경이야기〉에는 극적인 이야기도, 극적인 장면도 없다. 진부하기 쉬운 영
화를 오즈 감독은 보편적인 인생의 문제를 그만의 특이한 영상을 통하여 제시했다. 흔하다면 흔할 일상적,
스케치적인 묘사만으로 이루어진 영화이지만 그 영화의 감칠맛은 더 없이 깊으며 조용하면서도 풍부한 감
명을 주었다. 일상의 법칙에 순응하는 우주의 지속적인 연속성으로서의 삶, 인간이 흔들어 대지 않으면 언
제나 잠자는 물과 같은 삶이 오즈 영화 철학이다. 인간의 행동은 아무리 중요하지 않은 것도 관심을 둘 가치
가 있다고 말하는 듯한 오즈 감독의 성찰적인 시선의 힘이다. 오즈 영화에서의 삶이라는 것 자체의 덧없음
에 대한 감독인 인생의 성찰 영상 일기다. 오즈는 자주 가족이라는 소재를 다루어도 그 사이에 깃든 미묘
한 차이와 섬세한 영화적 표현은 그 속에 특이한 일상이 존재한다. 오즈 야스지로는 거의 같은 이야기를 하
는 것 같지만 작품마다 미묘한 차이가 그의 영화를 특이하게 만들었다. 이 미묘함을 우주적인 오즈 철학이
라 해도 무방하다. 오즈 스타일은 화면을 채우거나 비움으로써(공간의 미장센) 인간의 사랑과 가족의 헌신,
존중과 체념을 표현하는 다양한 방식으로 영화를 만들었다. 한 작가가 어떤 시선으로 사람과 공간을 바라보
느냐는 것은 감독의 시점이자 세계관이기 때문에 오즈 영화에서 샷(Shot)이 특별할 수 밖에 없다. 모든 시
(詩)의 방법들처럼 오즈의 연출도 우회적이다. 〈동경이야기〉 속에도 시(詩)의 운율(韻律)을 연상시키는 대
구(對句)와 통합(統合)의 과정이 여러 군데 Scene에서 나타난다. 오즈의 엄밀함 속에 깃든 이런 영화적 리
듬은 그의 작품에 삶의 질서와 자연성을 나타내면서 영화를 영화답게 만든 주요 요인들이다. 그는 내향적
감정과 직접적으로 부딪치지 않는다. 이 모든 오즈의 영화적 기법들은 일본의 수미에(墨繪-먹물 그림) 대가
들이나, 하이쿠(徘句)와 와카(和歌-일본의 전승 定型詩)의 대가들과 무관하지 않다. 그것은 일본인들이 오
즈를 가장 일본적이라고 말할 때나 그가 갖고 있는 진정한 일본의 운치에 관해 말할 때 가리키는 특성이다.
공교롭게 이 영화에서 며느리 역할을 맡은 노리코(原 節子, Setsuko Hara:1920~2015)가 얼마 전 95세로 타
계했다는 뉴스를 접한 많은 팬들이 상실감을 더했다.

〈사진 1-1〉
〈동경이야기〉의 첫
인서트 장면

〈사진 1-2〉
학교 길

〈사진 1-3〉
류 치슈 집 앞 센코사

〈사진 1-4〉
치에코가 손주와의 대화를
통해 인간의 순환구조를 나
타내면서 자기의 죽음을 예
견해 준다.

〈사진 1-5〉
치에코[Waist shot]

〈사진 1-6〉
손주와 집 부근에서 소요하
는 치에코[Long full shot]

〈사진 1-7〉
누추한 둘째 며느리(하라 세츠코) 집을 방문한 치에코와 류 치슈

〈사진 1-8〉
정성스럽게 음식을 준비하는 세츠코

〈사진 1-9〉
세츠코[Waist shot]

〈사진 1-10〉
온천에 여행을 온 치에코와
류 치슈. 마지막 여행이라
는 영화의 이미지는 곳곳에
서 표징되어 진다.[Side long
full shot]

어제 저녁
제대로 못 주무셨죠?

〈사진 1-11〉
오즈는 이 장면에서 심리적
앵글을 이용해 두 노파의
장래를 예견해 준다.[Tight
back two shot]

당신은 잘 자고 있더군

〈사진 1-12〉
류 치슈[Waist shot]

〈사진 1-13〉
치에코 [Waist shot]

〈사진 1-14〉
아타미 온천 휴양지(제방 둑
에 앉아있는 류 치슈, 치에
코) [Full back two shot]

〈사진 1-15〉
자리에서 일어나지 못하는
치에코

〈사진 1-16〉
겨우 일어나 제방 위를 걷
는다.

〈사진 1-17〉
일어나 제방 위를 걷는 류
치슈, 치에코[Long full shot]

〈사진 1-18〉
치에코의 죽음을 암시하는
인서트

〈사진 1–19〉
류 치슈 집 앞의 오노미치 항

〈사진 1–20〉
치에코의 마지막 운명을
기다리는 가족들

〈사진 1–21〉
무더운 여름과 갓등 인서트

〈사진 1-22〉
무인의 배 선착장

〈사진 1-23〉
집 부근의 센코사

〈사진 1-24〉
정박해 있는 배

〈사진 1-25〉
학교 길

〈사진 1-26〉
오노미치 항 철로 길

〈사진 1-27〉
류 치슈 동네의 철로 길. 인
간이 일상의 법칙에 순응하
는 이미지

〈사진 1-28〉
철길은 언제나 마을을 가로
질러 간다. 오즈 영화의 대
표적 기호의 기차는 인생의
여정을 상징한다.

〈사진 1-29〉
돌아오는 열차 안에서 치에
코의 유품을 바라보는 하라
세츠코

〈사진 1-30〉
모두 떠난 집에서 홀로 있
는 류 치슈

〈사진 1-31〉
〈동경이야기〉의 마지막 인
서트. 처음 화면과 일치한다.
일종의 인생의 윤회를 나타
내는 이미지 컷(Cut)이다.

〈사진 1-32〉
류 치슈 집 앞의 철로 길

〈사진 1-33〉
오노미치 항 전경

1) 작품의 전반적 특성과 샷 스타일Shot style 분석

〈부초〉(1959)는 오즈 자신이 1934년에 만든 무성영화 〈부초이야기〉를 리메이크한 것이다.

그리고 오즈의 영화 가운데 가장 아름다운 화면과 구도를 보여주었다. 코마주로가 이끄는 가부키 유랑극단이 바닷가에 자리 잡은 어느 작은 마을에 도착하고 잠잠하던 마을이 축제 분위기로 술렁인다. 코마주로가 흥행으로 보면 한 줄기의 희망도 없는 이 구석진 곳까지 오게 된 연유는 바로 이곳에 코마주로의 옛 여인이 식당을 하며 그의 아들 기요시를 낳아 기르고 있기 때문이다. 존폐의 위기에 처해있는 극단 상황에 아랑곳없이 아들과의 해후를 즐기는 코마주로의 여유로운 행동들은 후미코의 질투심을 더욱 부추기고, 기요시와 여배우가 사랑의 도피를 해 극단이 문을 닫게 되면서 갈등은 더욱더 깊어지게 된다. 코마주로가 자신의 생부라는 사실을 정작 기요시 본인은 모르고 있었다는 사실에 영화의 초점이 맞춰지면서 영화는 조용한 반전을 거듭한 끝에 정점에 달한다.

오즈 영화의 기존 작품 분석은 관념적이고, 피상적인 접근 방식이 대부분이었다. 상당수 영화평론가들은 그의 영화를 '선(禪)적이며, 적(寂: 적적함), 차(侘: 쓸쓸함), 유현(幽玄: 깊고 헤아릴 수 없는 심상), 정(靜)적인 작품'으로 정의했다. 하지만 이런 판단은 구체적인 사례가 분석에서 빠져 있었다.

이 책에서는 그의 작품에 나타나는 선적, 정적인 요소를 역추적하기 위해 샷(Shot)의 미학적 원리를 분석했다. 그 결과 수평적 구도에서 나타나는 심미적이고 심리적인 특성이 바로 선적이고 정적인 요소였음을 알 수 있었다.

카메라 Working shot 비율

Fix shot	Moving shot
100%	0%

화면 크기의 비율 총 836 Cut 119분 상영시간

Close up	Bust shot → Medium shot	Full shot → Long shot
0Cut	485Cut	341Cut
0%	59%	41%

위 표에서 보았듯이 오즈는 〈부초〉에서 철저하게 픽스 샷(Fix shot)을 사용했다. 여기서 원경(遠境)법을 이용한 롱 샷(Long shot) 기법이 많이 나타났으며, 객관적 카메라 시점이 피사체를 편안하게 만들었다. 그 결과 카메라의 시점이 느리게 변화하고, 단일 점(Single angle)을 갖고 있었다. 즉 피사체를 응시하는 각도는 낮고, 심리적 시간은 길게 나타난다. 그의 영화에서 한 컷(Cut)에 평균적으로 8초가 소요됐다. 영화의 리듬이 느리게 진행됐다는 방증이다.

2) 오즈와 '정靜의 공간空間 미학'

정적인 오즈 영화의 첫 번째 특징은 느림의 미학에 있다.

영화적 템포란 한 사건(Scene)이 움직이는 속도의 비율을 말한다. 오즈영화의 템포는 현존하지 않은 가상의 시간이다. 그의 영화에서 템포란 개념은 그 샷(Shot)의 내용에 따라 달라진다.

오즈 영화에서는 같은 길이라 하더라도 텅 비어있는 공간의 샷(Shot)이

인물로 채워져 있는 샷(Shot)보다 더 느리게 움직이는 것처럼 보인다. 이는 영화에서 템포는 때때로 물리적(物理的) 시간과 심리적(心理的)인 시간으로 구분되기 때문이다. 오즈는 대부분 영화의 심리적 시간을 이용한 영화를 만들어 시·공간의 영역을 넓혀나간다. 많은 시퀀스들이 실제 화면에서 걸리는 시간과 똑같은 시간이 걸리고 있음에도 불구하고, 오즈 영화의 시간은 물리적 시간만은 아니다.

오즈 영화의 템포는 거의 심리적인 것이고 샷(Shot) 안에 내재된 의미는 무엇인가 재창조되고 있다는 증거다. 픽스 롱 샷(Fix long shot)은 인간의 행위를 관찰하는 객관적 시점의 카메라 기법이다.

고정 샷(Shot)은 카메라가 고정된 채 피사체만 포착되는 샷(Shot)이므로 화면 구성의 앵글은 연기를 치밀하게 계산해야 한다. 이 카메라 기법은 미장센이 강조되는 특성이 있다. 이 샷(Shot)의 단점으로 지적되는 것은 너무 정적이어서 화면을 지루하게 할 수 있다는 것이다. 반면 이는 피사체와 맺어진 관계가 완벽해지고 교감이 두터워지는 장점을 지니고 있다. 앵글 속 피사체는 프레임(Frame)〈사진 2, 3〉 안에서 자연스럽게 합일(合一)되는 특성을 지닌다. 즉 피사체와 카메라가 자연적으로 동화되는 현상이 일어난다.

〈사진 2〉

〈사진 3〉

특히 〈부초〉에서 카메라 워킹은 움직임이 거의 없는 픽스(Fix)기법의 영상 언어로 일관된다. 낮은 위치(Low angle)의 카메라 앵글은 사물을 더욱 부각하는 역할을 했다. 특히 〈부초〉에서 부감 샷(Shot)〈사진 4〉은 특별한 경우 외에 사용이 거의 없다. 카메라 기교의 단조로움, 이야기 템포의 완만함, 극적인 사건의 부재, 사회적 현상 속에 나타나는 평범한 이야기 소재 등이 이 작품의 특징으로 꼽을 수 있다. 그의 이러한 독특한 카메라 구성법은 카메라가 이야기와 관계없는 공간에 머물면서 영화 밖의 세계를 끊임없이 환기시키는 기묘한 공간 설정에 의해서 이루어진다.

〈사진 4〉 포구의 작은 마을을 부감 샷(Shot)으로 촬영함으로써 마을 표정을 단일화한다.

오즈 야스지로 감독의 영화적 공간은 샷(Shot), 조명, 카메라 워킹(Camera working), 연출 등 온갖 형식적인 기교를 포기하는 그의 엄격한 논리에 충실했다. 따라서 그의 카메라는 언제나 '인간의 행위를 관찰하는 작은 신(神)의 시점'을 갖게 된다.

오즈 영화의 두 번째 특징은 수평적 구도이다. 오즈 야스지로의 작품에 자주 나타난 일본의 회화적 구성처럼 그의 영화적 구성도 주로 수평적 구도〈사진 5, 6, 7〉라는 것이다.

그의 수평적 구도는 하나부사 잇쵸(英一蝶)의 〈조돈예마도(朝暾曳馬圖)〉에 전형처럼 나타난다. 일상생활에 관해 그는 탁월한 안목과 세련된 양식으로 표현했다. 매우 동적이면서 방향적 영상 구도의 전형을 만들었다.

오즈의 수평적 고정 샷(Shot)이 때때로 정적인 인상을 준다. 부초의 인서트 장면에서 인기척 없는 부두를 보여주는데 바로 앞의 오른쪽에는 빈 맥주병이 있고, 화면 아래로부터 3분의 1정도의 부분을 횡단하는 수평선과 거의 접한 형태의 끝에 등대가 서 있다. 이러한 구도를 과연 상투적인 단정함으로 볼 것인가 아니면 도식적으로 볼 것인가에 대한 의문은 남는다.

그러나 이 구도는 어떤 운동도 비집고 들어 갈 틈이 없는 오즈적인 완벽한 구도다. 구도 속 피사체는 어느덧 오즈의 파인더(Finder) 안에 자연스럽게 배치돼 있다. 피사체(맥주병, 등대)는 오즈의 카메라 시선에 다가온 것이다. 심미적인 수평적 구도는 항시 일직선을 만들어 준다. 그래서 오즈의 카메라 시점은 대담함과 섬세함 속에 허무주의가 내재해 있다.

〈사진 5〉
세트(Set)와 건물을 이용한
수평적 구도법

〈사진 6〉

〈사진 7〉

동양 예술에서 뿐만 아니라 서양에서도 그런 구성들은 익숙함, 만족함 그리고 때로는 평온함까지 암시하고 있다. 반면 수직적이고 대각선적인 구성은 경쟁, 미지의 것 그리고 불만족을 나타낼 수 있다. 오즈 영화에 고정되고 낮은 수평적 구성(구도법)은 그의 영화를 한층 그의 영화다운 작품으로 만든 요인이 됐다. 서양 감독들이 자주 사용하는 대각선 구도는 상대적으로 오즈 야스지로 작품에서 자주 나타나지 않는 특징이 있다. 그는 철저하게 회화적 구도법(수평적 구도법)을 그의 영화에 투입시킨다.

수평적 구도 속 오즈는 보다 정물을 선호한다. 〈부초〉에서 그저 무의미한 것 같은 맥주병〈사진 12〉, 우체통〈사진 13〉 인서트 영상은 그 자체가 구도이자 프레임(Frame)이 된다. 〈늦봄 (晩春, Late spring)〉(1949, 류 치슈, 하라 세츠코 주연)〈사진 8, 9, 10〉의 꽃병〈사진 11〉 인서트는 지나가 버린 많은 시간들의 사전 텍스트(Pretext)이다. 오즈 영화에서의 인서트 기능들은 주인공들의 내면 상태를 변형시킬 수 있는 심리적 피사체이자 오즈 영화의 근원적 형태의 영상언어이다. 그것들은 단지 정물 피사체로, 아름다움을 위해 찍혀진 대상물이기를 감독은 거부한다. 이러한 매개체는 그의 영화에 중요한 역할을 담당한다.[2] 아버지 류 치슈가 〈늦봄〉에서 딸에 대한 애틋한 마음을 어둠 속 꽃병으로 대치시켰다. 이것은 몽타주 기법의 충돌이미지로 딸의 행복과 아버지의 인생 여정을 이 한 컷(Cut)으로 암시했다. 일본영화에서 가장 완벽하고, 가장 성공적인 탐구라고 일컫는 이

---

2 야스지로 영화에서 인서트의 기능과 역할은 특이하다. 오즈 영화에서 의미 없어 보이는 사물들(피사체)의 포착은 사실감을 그대로 옮겨놓은 역할을 한다. 빈(여백, 空白) 공간은 그 자체의 피사체이기 때문이다.

영화는 오즈 스타일의 다양한 요소들 ─일상적 세트(set), 작은 소도구, 정적인 카메라 워킹, 조명 기법, 배우에 대한 확고한 통제와 일반적인 스토리 구조, 영화의 템포에 있어서의 단순성─ 이 배합되어 오즈 감독이 추구하는 영화의 세계를 보여준다. 만약 이 영화에서 아버지마저 재혼해버렸다면 이 영화는 성공하지 못했을 것이다. 이것이 오즈적인 영화의 작은 반전이다.

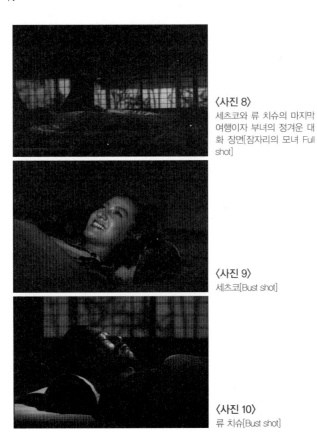

〈사진 8〉
세츠코와 류 치슈의 마지막 여행이자 부녀의 정겨운 대화 장면[잠자리의 모녀 Full shot]

〈사진 9〉
세츠코[Bust shot]

〈사진 10〉
류 치슈[Bust shot]

〈사진 11〉 오즈 야스지로 감독은 어둠 속 꽃병을 통하여 아버지의 딸에 대한 무한한 사랑을 꽃병에 대치시켰다. 하라 세츠코가 행복하기를 바라는 아버지의 마음은 어둠 속 바람과 꽃병을 충돌시켰다. 류 치슈의 앞으로 남은 인생 여정을 어둠과 바람, 그림자로 표현했다.

오즈 영상의 정적인 수평적 구도는 정(靜)과 공(空)의 의미를 창조하는 결정적 역할을 한다. 이러한 오즈의 영상 미학은 고요함과 무(無)의 독창적인 사용, 그리고 만물의 무상함과 덧없음에 대한 슬픈 인식에 바탕을 둔 분위기가 그의 영화를 지배하게 된다.

서구인들의 시각으로 본다면 표면적으로는 아무런 의미가 없는 것처럼 느껴진다. 그러나 정서적, 문화적 이해라는 보다 깊은 수준에서 보면 이러한 정(靜)과 공(空) 안에서 많은 일들이 일어난다. 물론 이것은 일본회화와 깊은 연관이 있다. 일본회화 입문서를 보면 '종이 위에 첫 번째 먹물이 흔적을 만들기 전에는 빈 공간이 생겨나지 않으며 따라서 흔적은 공(空)과 더불어 의미의 공동 생산자로서 시선을 끄는 결정적인 상호 작용을 맡는다'라고 씌어있다.

〈사진 12〉

〈사진 13〉

그것은 하나의 피사체로 아름다움을 위해 찍혀진 대상물일 뿐만 아니라, 살아 숨쉬는 정물이다. 즉 그의 영상에서는 이러한 정물들이 화면 속에서 꿈틀거리며 프레임(Frame) 안에서 살아 있는 것이다. 정물이 정물에서 머물지 않고 한 샷(Shot), 한 샷(Shot)의 멈춤이 아닌 또 다른 시퀀스로 진화된 전이를 말해준다. 오즈 영화의 기호들은 엄격한 기하학이 아름답고 부드러운 그리고 자연스러운 배우들의 연기를 더욱 돋보이게 하고 있다. 그는 엄격한 영상 문법을 만들었다.

오즈 영화의 세 번째 특징은 순환성에 있다. 오즈의 영화는 종종 순환적이고, 시퀀스도 거의 변함없이 반복된다. 그것은 고전적인 영화(미국식 순환적 몽타주 이론)의 전형을 보여주는 네 가지 샷(Shot)으로 구성된다.

1. 객관적인 원경 〈사진 17, 18〉

   롱 샷(Long shot): 전체를 볼 수 있게 해줌으로써 심미적 아름다움과 편안함을 준다. 객관적인 시야는 피사체를 항상 중립적으로 끌고 간다.

2. 약간 객관적인 중경 〈사진 16〉

   미디엄 샷(Medium shot) 또는 풀 샷(Full shot): 오즈가 가장 많이 사용하는 사이즈이다. 이 샷(Shot)에서 영화의 움직임이 주관적 시점에서 객관적 시점으로 옮겨간다.

3. 버스트(Bust shot) 또는 웨이스트 샷(Waist shot) 〈사진 14, 15〉

   인물의 주관적인 표정을 포착할 때 사용 한다.

4. 주관적인 표정 및 전경 클로즈 업(Close up)

   극한 상황일 때 사용한다. 하지만 이 샷(Shot)은 거의 사용하지 않는다.

〈사진 14〉
코마주로[Waist shot]

〈사진 15〉
아들 기요시[Waist shot]

〈사진 16〉
두 부자[Side full shot]

〈사진 17〉
코마주로와 아들 기요시가 낚시 하는 장면. 인물 뒤에서 롱 샷(Long shot)의 순차적 기법으로 인물을 소개했다.

〈사진 18〉
등대 인서트[Long full shot]

각각의 샷(Shot)은 오즈의 영화적 시퀀스에서 나름대로 위치 및 속성을 갖고 있다. 이 시퀀스의 순서는 대체로 1-2-3-4-3-2-1의 순서로 이어진다. 카메라는 먼 위치에서 시작하여 점점 가까워지고, 또 다시 원래의 위치로 항상 순환된다. 심리적인 영화의 시간은 피사체가 카메라와 멀어질수록 길게 나타난다. 오즈 영화의 심리적 템포는 느리며 사물을 객관화시킨다. 결국 순환은 인간의 마음과 동질인 연속적인 기하학적 형태이다. 오즈의 영화적 회귀개념은 순환의 개념[선(禪)적인 사상,

불교적 윤회 개념]과 마찬가지로 감정적으로 순환, 정화된 앵글이다. 같은 영화의 템포는 화면이 채워진 샷(Shot)보다 텅 빈 화면이 느리게 느껴진다. 이것을 심리적(心理的) 시간이라 한다. 오즈 감독은 화면에 이런 심리적(心理的) 기법 촬영으로 영상의 깊이에 철학을 첨가시켰다. 오즈는 영화의 템포를 우리의 감정을 인위적으로 조작하는데 사용하지 않았다.

객관적 시점[심리적 시간이 느리다: 풀 샷(Full shot)]→ 주관적 시점[심리적 시간이 빠르다: 클로즈 업(Close up)] → 객관적 시점[심리적 시간이 아주 느리다: 롱 샷(Long shot)]으로 순환의 연속성을 나타낸다. 오즈 영화의 순환 형태는 거의 변함없이 마지막에는 충만하고 완성된 느낌으로 귀결된다. 그래서 오즈 영화는 여행에서 시작하고 여행으로 끝을 맺고, 롱 샷(Long shot)에서 시작하고 롱 샷(Long shot)[3]에서 끝나는 인생의 순환적 의미를 담고 있다. 이러한 오즈 카메라의 시점은 서양화와 같이 고정된 외눈의 시점에서 보는 것이면서도, 동시에 움직이는 시점에서 보는 것이다. 오즈는 철저하게 〈부초〉에서 고정된 카메라 시점을 통하여 사물을 관찰, 관조했다. 즉, 그는 서양화의 원근법을 사용하는 구도였지만, 그는 여기서 그치지 않고 서양화의 원근법 기법과 동양화의 기법에 구도적 선(禪)이 가미된 독특한 영상을 만들었다. 엄밀히 말하면 동양화는 원근법을 무시한 정신세계에서 시작된 선적인 구도였다. 즉, 오즈적인 카메라의 구성법들(앵글, 화면의 깊이, 카메라 워킹, 순환성, 구도, 미니멀리즘)은 그의 영

---

3 롱 샷(Long shot)의 가장 큰 특징은 서사적(敍事的) 성격이 강하다는 것이다. 클로즈 업(Close up)이 내향성이라면 롱 샷(Long shot)은 외향적이란 특색을 지닌다.

화를 영화답게 만든 요인이 됐다. 그의 작품에 자주 나타나는 수평적 구도와 순환적 영상은 픽스(Fix) 기법에 가장 잘 적용시킬 수 있는 카메라 워킹이다. 카메라의 현란한 이동 없이 냉정하게 피사체를 응시하는 이 기법의 형식은 서양화의 원근법을 차용했지만, 내용에서는 동양적 선의 움직임이 활발하게 영상에 표출된 것이다. 화면의 깊이를 표현하는 오즈 영상의 정적인 이미지는 영화 장면을 더욱 부각시키는 역할을 했다.

오즈는 서양의 원근법에 해당하는 삼원법(高遠, 平遠, 深遠)과 화면의 깊이를 만들어 내는 삼경법(前境, 中境, 遠境)에서 표현되는 전통적 원근법 효과를 카메라 기법에 이용해 〈사진 19〉에서와 같이 전경과 원경, 즉 영상의 깊이를 또렷하게 표현할 수 있었다.

회화에서는 채색의 농담이나 운필법 등으로 화면의 깊이를 표현할 수 있

〈사진 19〉 전경과 원경은 심도를 깊게 해줌으로써 사물을 또렷하게 표현한다.

지만, 오즈의 영상에서는 카메라 기법으로 표현했다. 피사계 심도를 이용한 전경, 중경, 원경을 한 화면에 또렷하게 표현 할 수 있다. 즉, 카메라의 조리개는 조일수록 심도는 깊어져 전경과 원경이 잘 표현될 수 있다. 심도는 망원렌즈보다 광각렌즈가 더 깊다. 그러나 오즈는 표준 렌즈를 이용한 화각으로, 우리 인간의 시야에 가장 친숙한 자연스런 시각으로 사물을 표현하는데 성공한 감독이다. 로우 앵글(Low angle)은 등장인물들이 가장 잘 돋보이게 하는 카메라 기법이다. 일본 건물들은 거의 폐쇄적인 공간이기에 로우 앵글(Low angle)〈사진 20〉은 더욱 효과적인 오즈 감독의 구도였다. 이른바 액자틀(Proscenium frontage)〈사진 21〉 기법을 이용한 촬영은 그의 영화에 환영(Illusion)을 일으켜준 요인이 됐다. 밝은 창문 쪽 부분이 무대 역할을 해준다. 이러한 기법들은 삼원법에서 나타난 촬영 각도의 응용에서 이루어졌다.

전통적 일본 가옥은 연극 극장 같은 무대 역할을 하면서 배우(피사체)는 더욱더 부각이 되는 원근법적 시각효과를 거뒀다. 즉, 창문과 마루와 인물

〈사진 20〉

〈사진 21〉

이 분리가 되면서 전경과 중경, 원경은 확연하게 한 화면 속에서 용해되는 효과를 얻었다. 오즈 영화에 자주 나타나는 픽스 샷(Fix shot)에서 등장인물들의 움직임을 따라가기에 불가능했기 때문에 프레임 인, 프레임 아웃(Frame in, Frame out)〈사진 22〉 기법을 사용했다. 〈부초〉는 일본식 공간 속에서 로우 앵글(Low angle) 기법을 이용한 촬영으로 폐쇄적 영상 공간 기호를 인생의 여정이라는 영상 언어로 새로 탄생시켰다. 오즈는 이러한 영상 기법들을 이용하였고 픽스 샷(Fix shot)의 정적인 그림에서 출발한 오즈 영화는 철저한 수평적 회화 기법으로 그의 영화를 정적(靜的) 영상에서 선적(禪的) 영화로 승화시켰다.

〈사진 22〉

또한 이 영화의 우수성은 훌륭한 배역의 덕을 본다. 가부키의 유명한 배우인 나카무라 간지로가 극 단장 역을 맡았고, 쿄 마치코와 스기무라 하루코, 젊고 매력적인 와카오 아야코가 이 영화를 더욱더 빛냈다. 색채를 훌륭하게 사용하여 일본 남부 작은 섬의 분위기를 잘 살려낸 카메라 감독 미야가와 가츠오의 촬영기법이 영상미의 극치를 보여주며 영화의 완성도를 높였다.

미조구치 겐지溝口健二 감독의 〈우게쯔 이야기雨月物語〉

1) 작품의 전반적 특성과 샷 스타일Shot style 분석

사무라이에 의해 쑥대밭이 된 삶의 터전을 뒤로 한 채 겐주로는 아들과
부인, 동생의 가족을 데리고 도자기를 팔기 위해 길을 떠난다. 위험한 육
로를 피해 배를 타고 가던 중 해적에게 피습당한 한 남자를 발견한다. 겐
주로는 아내와 아들을 도중에 내려놓고 돈을 많이 벌어 오겠다는 말을
남긴 채 길을 떠난다. 큰 장터에 무사히 도착한 겐주로는 자신이 만든 도
자기를 거의 다 파는데 성공한다. 동생 부부는 각자의 욕심에 눈이 멀어
헤어지게 된다.

동생은 사무라이가 되는 영광을 누리고 싶은 욕심에 눈이 멀어, 남의 공
로를 가로채 사무라이가 된다. 그런 반면 동생 부인은 외간 남자들에게
겁탈당해 몸 파는 여자로 전락한다. 어느 날 장터에서 도자기를 팔던 겐
주로는 귀부인 와까사에게 홀려 혼인식까지 치르게 된다. 그러나 귀부인

와까사의 정체가 원한이 맺힌 죽은 혼령이라는 사실을 알게 되고 다시 고향으로 되돌아가지만 아내는 사무라이의 손에 살해되고 아들만 홀로 남아 있다. 사무라이가 되어 병력까지 얻은 동생도 자기의 명예욕의 희생물이 된 아내를 어느 술집에서 우연히 만나 그렇게도 원하던 사무라이의 영광이 얼마나 덧없고 허무한 것인가를 깨닫고 고향으로 발길을 돌린다.

겐지 영화의 미학은 롱 테이크(Long take) 기법에서 찾을 수 있다. 하지만 기존 연구에서는 그 근원적인 요소를 찾는데 인색했다. 끊임없이 이어지는 롱 테이크(Long take) 성향의 겐지 영상이 작품 속에서 어떤 특징으로 나타나는가에 대한 분석이 부족했던 것이다. 이러한 현상들을 보완하기 위해 샷(Shot)의 미학적 원리에 입각하여 헤이안(平安) 시대의 두루마리 그림의 공간 미학과 일본의 전통적인 노(能) 연극에서 나타난 리듬감을 살펴보며 겐지 영화의 근원적 원형을 분석했다.

화면의 크기 비율 상영시간: 133분 총 186Cut	
Close up → Medium shot	Full shot → Long shot
45Cut	141Cut
24%	76%
카메라 working 비율 총 186Cut	
Fix shot	Moving shot(pan, tilt, Crane shot, tracking, dolly)
65Cut	121Cut
34%	66%

위 표에서 나타나듯 원경법을 이용한 롱 샷(Long shot)을 많이 사용했다.

카메라는 부단하게 움직여 화면이 길게 이어지는 결과를 낳았다. 한 장면(Scene)에서 다양한 구도가 역동적으로 움직여 화려하고 신비감 있는 영상을 만들었다. 이 영화는 1 컷(Cut)당 43초 길이의 롱 테이크(Long take) 기법으로 촬영됐다.

2) 겐지와 두루마리 그림의 공간空間 미학

두루마리 그림의 첫 번째 특징은 롱 테이크(Long take) 기법이다. 일본 헤이안(平安) 시대에 나타난 두루마리 그림의 특징이 여과 없이 〈우게쯔 이야기〉(원작은 일본 고전 작가 중 한 사람인 우에다 아끼나리(上田秋成) 〈우게쯔 이야기〉) 작품에 나타난다. 끊임없이 이어지는 구도의 연속성은 이야기의 단절이 없는 영상의 연속성으로 나타난다. 겐지 감독이 즐겨 사용한 롱 테이크(Long take) 기법은 가로형 두루마리 그림에서 그의 원형을 찾을 수 있다. 다양한 시각의 발견은 시간을 확대시키는 결과를 낳았다.

미조구치 겐지 감독은 남들이 눈치 채지 못하는 자신만의 영상 언어로 탄생시킨 롱 테이크(Long take) 기법을 통해 하나의 풍경에서 피사체와의 간극을 좁히고 자연스럽게 합일(合一)되는 효과를 발견했다. 중간에 끊김이 없이 길게 촬영하는 롱 테이크 기법은 관객으로 하여금 프레임(Frame)을 객관적으로 분석하도록 유도하며 그것이 재현하는 것을 읽고 해석하도록 하는 여지를 남긴다. 그는 영화의 실재와 환상의 세계를 절묘하게 조화시킨 능력의 소유자였다. 미조구치 겐지 감독의 가장 독창적인 연출 기법의 하나로 지적되었던 원 씬 원 컷(One Scene, One Cut) 기법은 일본의 전통적 음곡에서 볼 수 있는 느슨한 리듬감과 연관성이 있다.

문학과 깊은 관계를 지닌 에마키모노[4]는 주로 교토(京都)의 공가(公家)사회의 취미나 미의식을 반영하여 보수적인 경향이 강하지만, 등장인물에 대해 개성을 구분해 묘사하거나 율동감 있게 표현하는 탁월한 기법을 사용하여 새로운 장르(Genre)를 개척했다. 초현실 문학에서 자주 나타나는 꿈이나 환각, 광기가 자연스럽게 미조구치 겐지 영화에 자주 등장하는 주제들이다. 가로형 두루마리(橫卷)라는 형식에 가로로 연속되는 특수한 화면을 활용했다. 또 설화의 시간적인 경과나 정경의 공간적인 확장은 등장인물의 심리나 감정 등을 완급(緩急), 원근(遠近), 심천(深淺)의 정도를 극적으로 변화시키며 표현했다. 가로형 두루마리 형식을 활용하여 시간과 공간의 확장을 가능케 한 특징의 그림이다. 화면은 독립해 있고, 등장인물들의 복잡한 심리나 비극성을 강조하는 표현에 주력했다. 사진의 파노라마 기법을 연상시키는 회화 기법이다.

두 번째 두루마리 그림의 특성은 연속적 카메라 움직임에 있다. 일본 무용은 유럽의 댄스나 발레에서 나타나는 역동적인 움직임보다는 오히려 정적이고 회화적인 미(美)를 중시하고, 아름다운 신체의 형상이 정지된 순간을 '결정적 순간의 미(美)'로 승화시켰다. 미조구치 감독은 결정적으로 완성된 순간에 이어 다가오는 다음 순간의 컷(Cut)으로 도약시키면서 숨을 죽이는 듯 자연스럽게 몸의 균형을 이동시켜 움직임을 물이 흐르듯 부드러운 의식의 샷(Shot)으로 만들어 나간다.

---

4 에마키모노(絵巻物)는 일본에서 독자적으로 발전한 그림의 형식으로 가로방향의 긴 비단을 이어 장대한 화면을 만들고, 여기에 정경이나 이야기를 연속적으로 표현한 것. 헤이안 시대(794~1185)에 뛰어난 작품이 많았고, 가마쿠라 시대(1185~1333)까지 유행이 계속되었다.

미조구치 겐지 감독의 원 씬 원 컷(One Scene One Cut) 기법 역시 단지 길고 지루한 여러 개의 영상이 아니라 미적 영상의 흐름이 이어지는 연속성이이라는데 주목할 필요가 있다. 즉, 그저 아름다운 구도의 장면을 한 장씩 나열한 영상이 아니다. 한 순간의 피사체의 형체가 결정적이라고 생각되면 그 구도의 균형이 미묘하게 변화하여 다음의 결정적인 의식의 흐름 샷(Shot)으로 자연스럽게 옮겨진다. 씬(Scene)에서 씬(Scene)으로, 형태에서 형태로 이동하는 시공간적 흐름을 포착하기 위해 미조구치 겐지 감독은 단절이 아닌 카메라 워킹 중 팬(Pan)이나 틸트(Tilt), 트래킹[Tracking(Dolly in, Dolly out)], 크레인 샷(Crane shot) 등이 필요했다. 미조구치 겐지의 긴 컷(Cut)의 이동이나 크레인 샷(Crane shot)이 복잡하게 용해되어, 한 샷(Shot) 속에서 구도는 계속 변화하면서 카메라 시점의 다원성을 강조시켰다. 카메라의 기법에서 시시각각 변화하는 피사체를 포착하기란 쉽지 않다. 그러나 미조구치 겐지의 카메라 시선은 항상 외향성 구도와 내향성 구도법을 적절하게 사용하면서 의식의 점증적 샷(Shot)으로 다음 이야기를 끌고 나갔다.

미조구치 겐지 감독은 오래된 일본의 전통적인 미의식 속에 살면서도 그 전통의 내부로부터 시작하여 현대적인 영상언어로 창출하는 영상의 혼(魂)을 지닌 유능한 영상작가였다.

〈우게쯔 이야기〉의 장면 중 호수 부근에서 겐주로와 와까사가 사랑을 나누는 장면〈사진 23-1~6〉은 마치 쌍안경으로 보는 듯 원근감이 나타나는 롱 테이크(Long take) 기법의 백미(白眉)로 꼽는다. 끊임없이 이어지는 화면 구도법은 마치 헤이안(平安) 시대의 두루마리 그림을 연상시킨다. 하이 앵글(High angle)에서 시작한 구도는 한 공간에서 끊이지 않고 아이

겐주로와 와까사가 호숫가에서 사랑을 나누는 회화적 장면. 현실과 비현실의 장면을 몽환적 프레임으로 연출한 점이 돋보인다.

〈사진 23-1〉

〈사진 23-2〉

〈사진 23-3〉

영화감독과 심리적 구도

〈사진 23-4〉

〈사진 23-5〉

〈사진 23-6〉

레벨(Eye level)의 수평적 구도로 이어지며 그림을 완성시킨다.

원 씬 원 컷(One Scene One Cut) 기법으로 촬영된 장면은 과거와 현재의 교차에서 오는 몽환적인 장면(Scene)으로 수평적 구도에서 나타나는 평화로운 구도법을 환상과 실재가 화면 속에서 용해되어 우리 뇌리에 몽환적 〈사진 24-1~6〉으로 전달된다. 의식의 흐름을 단절시키지 않는 이 기법은 영화의 유연성과 신비감을 만들었다.

미조구치 감독의 롱 샷(Long shot)은 피사체가 단순히 정체된 상태에 있고 움직임이 적은 것이 아니라, 끊임없이 인물을 움직이게 하고 인물의 위치 관계에 변동을 주면서도 일관적으로 주인공의 행동을 따라 촬영하는 카메라 기법이다. 하나의 위치 관계에서 다음 장면(Scene)으로 관계를 끊임없이 변화하면서 계속 이어지는 미적 질서에서 오는 압박감이 주인공의 마음속에서 용해된다.

그것은 무엇보다 영화를 깊이 있고 중후하게 촬영하는데 목적이 있다. 영화의 심리적 시간에서 오는 압박감은 긴 호흡의 지속적 저항의 표현이기도하다. 그런 의미에서 일본의 전통적 이야기 극이 갖는 특성과 공통되는 무거운 억압과 고뇌를 일반적으로 양식화시켰다. 그렇지만 일본의 전통적 이야기 극은 고뇌의 양식화 단계에 위치하면서도 다채로운 인간의 섬세한 약동을 표현하지 않았다. 이것에 대해 감독은 그것에서 일탈하여 계급적 사회나 성적인 억압에서도 인간은 더욱더 자아를 주창해 외적인 상황의 무게를 내적인 영상의 혼의 무게로 전환시키는 역할을 한다.

미조구치 겐지 감독은 오랜 일본의 전통적인 미의식 속에 머물지 않고 창조적 영상을 개척했다. 그가 자주 사용한 두루마리 그림 기법의 대표적인 특징은 사물을 위에서 아래로 포착하는 하이 앵글 (High angle)을 사도적들을 피해 배편으로 시장에 도자기를 팔러가는 호수 장면. 안개와, 먹구름은 장면의 긴박함과 몽환적 의미를 나타낸다. 이 장면을 크레인(Crane) 카메라는 한 프레임(Frame)에 포착했다.

〈사진 24-1〉

〈사진 24-2〉

〈사진 24-3〉

〈사진 24-4〉

〈사진 24-5〉

〈사진 24-6〉

용해 입체적인 영상을 만든 것이다.

부감 샷(Shot)으로 끊임없이 이어지는 여러 가지 장면들의 역동적인 구도의 연속성은 미조구치 겐지 감독의 작품에 자주 나타나는 영상 의식의 단절이 아닌 흐름의 연속성으로 강하게 표출된다.

헤이안(平安) 시대의 대표적 그림인 토키와 미츠나가(常盤光長)의 〈반다이나곤 에코토바 伴大納言繪詞〉 오텐몬(應天門) 화재에서 여러 장면들이 끊임없이 이어지는 역동감 있는 구도의 연속적 그림은 겐지 영화에서 그의 특징으로 발견하게 된다.

미조구치의 영상 의식 속에는 거리가 단지 카메라의 위치나 방향을 의미하진 않는다.

배우의 연기가 그 영상의 흐름 속에서 자연스럽게 빠져드는 역할을 하는 것이다. 〈우게쯔 이야기 雨月物語〉 마지막 씬(Scene)에서 죽은 아내는 구름 속에 달처럼 보이지 않는 운명의 신이 되어 남편을 고향으로 돌아오게 한다〈사진 25-1~6〉.

〈우게쯔 이야기 雨月物語〉 마지막 씬(Scene)에서 죽은 아내가 구름 속의 달처럼 보이지 않는 운명의 신이 되어 남편을 고향으로 돌아오게 한다.

〈사진 25-1〉

〈사진 25-2〉

〈사진 25-3〉

〈사진 25-4〉

〈사진 25-5〉

〈사진 25-6〉

감독이 고향의 산야를 크레인 샷(Crane shot)으로 표현하면서 멀리 포착한 롱 테이크(Long take) 기법은 여성의 힘이 자연과 하나 되는 마력을 영상으로 심도 있게 표현했다. 또한 겐지의 카메라 워킹은 훌륭한 예술가의 몸짓과 손짓을 보듯 예술에 몰입하는 힘을 갖고 있다. 그의 카메라는 무용가의 손과 다리, 표정 등과 같이 유연한 리듬감을 갖는 특성이 있다 〈사진 26-1~6〉.

아름다운 한 피사체의 형상에 정지하는 순간은 사진의 결정적 순간과 문맥을 같이 한다. 결정적으로 완성된 순간에서 이어지는 장면들은 각기 다른 순간으로 조용히 몸의 균형을 이동시켜 가는 움직임과 함께 마치 물이 흐르듯 부드러운 리듬감을 만든다. 미조구치의 아름다운 화면들은 영화 구도의 화면을 한 장면씩 무의미하게 겹쳐 쌓아 가는 것이 아니다. 감독의 영상 흐름은 무의식의 세계에서 출발한다. 미조구치 영상은 현실의 환영(幻影)에서 무지개를 보는 듯한 착각을 일으킬 정도로 호화스럽다. 한 순간의 이미지가 결정적인 것이라 생각되면 곧 그 구도의 균형이 미묘하게 변화하는 다음 장면의 결정적인 순간으로 관조하듯 완만히 옮겨져 간다.

와까사의 혼령에 의한
춤동작을 카메라는 신들
린 듯 워킹으로 집요하
게 포착했다.

〈사진 26-1〉

〈사진 26-2〉

〈사진 26-3〉

〈사진 26-4〉

〈사진 26-5〉

〈사진 26-6〉

미조구치 겐지 작품의 원 씬 원 컷(One Scene One Cut) 속에서 항상 카메라는 피사체(인물)를 집요하게 따라 다닌다. 카메라는 냉정한 눈으로 멀리서 처음부터 끝까지 피사체의 심상을 객관적으로 포착한다. 미조구치 카메라의 움직임은 오로지 그 앞에서 펼쳐지는 언어나 행동에 대한 면밀하고 냉정한 표출이다. 관계를 통합적으로 표현하려는 노력이 보인다. 여기서 그의 객관적 영상의 힘이 나타나는 것이다.

또한 두루마리 그림이 갖는 공간 미학의 특징은 불교 사상과 노(能) 연극에 근원을 두고 있다. 그래서 그의 영화적 힘은 불교 사상과 깊은 연관성을 찾을 수 있다. 현실은 시시각각 변화한다. 그러나 현실을 포착하기란 쉽지 않다. 현실과 미래, 과거는 〈사진 27-1~6〉처럼 유기적으로 이어가고 있다. 현재는 현재만이 아니고, 과거는 과거만이 아닌 윤회적인 구조인 것이다. 그는 영상의 시공간에 이런 불교적 윤회(輪廻)사상과 선(禪) 사상을 그의 영화적 논리로 수용했다. 그것이 미조구치 겐지 감독에게는 원 씬 원 컷(One Scene One Cut) 기법으로 나타났다. 미조구치는 민족주의와 전쟁이라는 불안한 분위기 속에서도 전통적인 일본의 아름다운 미학적 세계로 몰입했으며 그러한 영상 혼을 추구했다.

겐주로는 시장에서 비단을 보는 순간 고향에 있는 부인을 연상하면서 순간적으로 착각을 일으킨다. 크레인 달리(Crane dolly) 카메라는 과거와 현실 미래를 엮는 가교 역할을 해 준다.

〈사진 27-1〉

〈사진 27-2〉

〈사진 27-3〉

〈사진 27-4〉

〈사진 27-5〉

〈사진 27-6〉

불교 사상과 함께 그의 영화에 영향을 끼친 것은 일본의 전통적인 연극 노(能) 가면극이다. '노'는 노가쿠(能樂)라고도 하며 가무를 동반한 추상적 연기에 의해 극적인 전개를 연출하는 예능을 지칭한다. 노(能) 연극의 특징인 절제된 춤 동작은 미조구치 영상에 날개를 달아준 격이다. 화면 하나 하나가(Cut by Cut) 마치 노의 춤 동작에서 오는 중압감 같은 것이 그의 영상에 무의식중 나타난다.

노의 주제 대부분은 인간의 희로애락(喜怒哀樂)은 물론, 주인공이 시공을 초월하여 인간 세계와 신이나 영혼의 세계를 넘나들며 겪는 인간의 고뇌(苦惱)와 이상(理想)으로 유장한 노래와 느린 춤 동작으로 표현된다.

노(能)는 일본의 대표적인 고전 연극의 하나로 남북조 시대(1332~1392)부터 현대까지 계승되고 있다. 〈우게쯔 이야기〉는 그리스 연극의 사실주의적 영상을 구성한 기법에 일본의 전통적인 연극인 노(能) 형식에 의존했고, 그리스 연극, 그리고 셰익스피어의 연극과 유사성을 갖고 있다.

〈우게쯔 이야기〉는 형식에서 이미지 작용(Crane shot)과 내용에서 이중 줄거리(선과 악, 현실과 꿈, 남과 여)구조를 보이고 있다. 이처럼 〈우게쯔 이야기〉는 셰익스피어 4대 비극의 구성을 따라가고 있다. 그 예를 바로 '리어왕'에서 찾을 수 있다. 영화의 전쟁 장면은 리어왕의 폭풍 장면에서 이미지를 차용한 것이다. 또 유령들은 그리스 신화의 신들과 같은 역할을 하며, 도덕적 가치관은 작품의 통일성을 지향하는 방식의 그리스 연극과 유사한 성격을 갖는다. 미조구치 겐지 영화의 세계는 무엇보다도 신비주의적 사실주의와 고전적 예술세계에 기반을 두었다. 이 영화의 키 워드는 실재와 초자연의 결합이다. 그것이 바로 감독 자신의 화면 구성과 배우들의 연기가 매순간 보여주는 이 영화의 주제다. '우게쯔 이야기'에서 겐주로는 꿈속에서 고향집으로 돌아와 옛날과 같은 푸근함을 느끼지만, 꿈에서 깨어난 현실은 참혹하다. 부인은 살해되고, 아들만 외로이 집안에 홀로 남아 있는 것이다. 여기서 감독은 우리를 한 실존의 영역에서 또 다른 실존의 영역으로 이끌고 간다. 때로는 미리 예고를 해주기도 하고 때로는 아무 경고 없이 이야기를 이끌고 간다.

그의 영화는 대사를 정밀하게 통제하고 초현실성과 사악함을 표출하는데 한 순간도 흐트러지는 법이 없다. 이 영화는 평범한 유령이야기가 아니다. 〈우게쯔 이야기〉는 현실과 초자연의 이분법을 통해 사랑과 명예, 책임과 가족의 의미를 탐색한다. 각각의 주제는 감독의 익숙한 인간세상 위에 조심스럽게 겹쳐놓은 유령의 세계와 어떤 식으로든 접촉시키며 그 후에는 한결같이 인간 세상의 변화무쌍한 과정을 겪는다. 이 영화에 등장하는 어리석은 남자들과 항상 고통 받는 여자들은 모두 초현실과 현실의 만남으로 인한 험난한 인생 여정을 경험한다. 이 영화를 보는 것은 고귀함이라는 존재를 마주하는 것과 같다. 미조구치 겐지 감독[5]은 영상을 제작할 때 단절이 없는 헤이안(平安) 시대의 회화 기법에 충실한 구도법을

---

5 세계적 영화평론가와 미학자들이 1964년 도쿄올림픽이 열리는 일본 도쿄 우에노(上野)의 국립박물관에서 개최된 일본 고 미술전을 관람하게 된다. 특히 11세기 헤이안(平安) 시대의 무라사키 시키부의 겐지이야기(源氏物語) 그림에서 미조구치 영화와 많은 연관성을 찾아낸다. 두루마리 그림을 보면 옆으로 길게 펼쳐지면서 하나의 이미지에서 다른 이미지를 떠올리며 읽어 나가게 되어 있으면서 이야기들을 더욱 돋보이게 하는 채색된 삽화들, 그야말로 서술적 형식의 영화적 방식이며 이것은 카메라 기법과 깊은 연관성을 찾는 계기가 된다. 롱 테이크(Long take)와 파노라마(Panorama), 크레인 샷(Crane shot) 카메라 기법들은 에마키모노 그림과 많은 유사점을 발견하게 된 계기를 만들어 주었다. 에마키모노 형식과 미조구치 겐지의 원 씬 원 컷(One Scene One Cut) 카메라 기법에서 많은 유사점을 발견하게 된다.

활용함으로써 자기만의 독특한 영상 언어를 만들었다. 즉, 두루마리 기법에서 차용된 영상의 이미지 연결과 크레인 샷(Crane shot)에서 나타나는 카메라의 복합시점을 새롭게 창출한 것이다. 〈우게쯔 이야기〉는 세계적인 영상시인에 의해 쓰여진 파노라마적인 한편의 서정시이다. 이 서정시 안에 카메라 움직임에 따른 통합과 융합의 세계가 존재한다. 이 영화는 궁극적으로 현실과 비현실, 삶과 죽음에 대한 일본적인 이상향을 지향한 영화다.

3

나루세 미키오成瀬巳喜男 감독의 〈부운浮雲〉

1) 작품의 전반적 특성과 샷 스타일Shot style 분석

이 영화는 스카프와 코트를 걸친 유키코가 한 손에는 남루한 짐을 들고 폭격으로 폐허가 된 동경에서 토미오카를 찾아가는 장면으로 시작된다. 유키코와 토미오카는 전쟁 동안 동남아시아 정글에서 함께 근무하면서 사랑에 빠졌었다. 유키코는 이혼한 토미오카에게 환영받을 것이라고 기대했지만 상황이 매우 어렵다는 것을 알게 된다. 토미오카는 실제로 여전히 그의 아내와 장모와 함께 살고 있었다.

그녀의 갑작스런 방문에 놀란 토미오카는 집을 나서고 옛 연인들은 여관에 투숙하게 된다. 토미오카는 아내가 병들어 있어서 도저히 그녀를 버릴 수 없다고 말한다. 그러나 다시 사랑에 이끌린 토미오카는 오래 버티지 못하고 유키코를 온천이 있는 여관으로 데려간다. 장맛비 같은 지루한 두 사람의 사랑은 계속 된다. 그러나 유키코는 야쿠시마 섬에서 초라하게 죽어간다.

기존에 나루세 감독의 영화에 대한 분석은 인상비평이 대부분이었다. 평론가들은 그의 영화를 통속적이고, 이야기의 극적 구성이 미약하다고 평가했다. 하지만 나루세 감독 영화의 샷(Shot) 미학을 재분석해보면 그의 영상 언어들이 미학적 내용과 풍부한 스토리를 담고 있다는 사실을 알 수 있다. 즉, 수직적 구도에서 오는 폐쇄적인 심리적 공간과, 달리 샷(Dolly shot)이 가져다주는 새로운 시간 개념을 발견할 수 있었다.

카메라 워킹 비율 총 690Cut, 123분(상영시간)

Fix shot	Pan, Tilt, Crane shot	Dolly shot
619Cut	48Cut	23Cut
90%	7%	3%

화면 크기 비율(Shot 분류) 총 690Cut, 123분(상영시간)

Close up → Medium shot	Full shot → Long shot
428Cut	262Cut
62%	38%

위 표에서 나타나듯 나루세 감독의 특성은 움직임의 통합에 있다. 카메라와 인물이 나란히 따라가는 달리 샷(Dolly shot)에서 나타난 유동시점은 오즈의 카메라는 고정되고 인물만 움직이는 픽스 샷(Fix shot)과, 겐지 감

독의 상하좌우 카메라 암(arm)을 이용한 크레인 샷(Crane shot)의 통합에서 나타난다. 카메라 이동시점[6]의 발견은 화면을 더욱 웅장하고 아름다운 공간으로 만들었다. 특히 나루세는 좌우이동시점(左右移動視點)을 활용하여 피사체 전모를 자세하게 관찰하게 되었고, 감독의 심미안(審美眼)의 샷(Shot)을 통한 새로운 공간이 창출되었다. 수직적, 수평적 구도와 카메라 피사체 사이의 간극이 없는 카메라 워킹은 새로운 구도를 만들었다. 이런 구도들은 일본회화사 전 시기에 걸쳐서 나타난다.

2) 통합(이동) 시점의 공간空間 미학

나루세 감독의 첫 번째 통합시점의 공간 미학은 달리 샷(Dolly shot)〈사진 28-1~4〉에서 영상 기교의 특징으로 나타난다. 이 기법은 움직이는 피사체와 카메라가 함께 움직이는 촬영이다. 달리 샷(Dolly shot)은 줌 샷(Zoom shot)과는 달리 공간적 입체감과 운동감이 강조되는 카메라 기법이다. 이 카메라 워킹의 시각적 효과는 변화를 중심으로부터 확대되는 특성이 있다. 또한 이 카메라의 중요한 움직임은 피사체와 배경 간의 관계를 변화시키고, 한 장면에서 새로운 요소를 발견하게 된다. 한 공간에서 움직여도 전혀 다른 공간 환영을 일으키게 된다.

카메라의 워킹 속도는 관객의 정서에 많은 영향을 준다. 느린 카메라 워

---

6 회화에서 이동시점(移動視點)은 20세기에 이르러 입체파 (立體派)에 의해 나타나기 시작했다. 동양화에서는 산수화가 싹트기 시작한 시기에 이동시점(移動視點)의 관찰과 표현방식(혹은 散點透視)을 활용하여 웅장하고 입체적인 아름다운 공간을 표현하였다.

킹은 서정적이거나 우울하고 냉철한 느낌을 준다. 나루세 영화는 이같은 카메라 기법을 구사하며 그의 독특한 영화적 기호를 만들었다. 배경과 인물은 서로를 간섭하지 않으며 카메라는 객관적 시선으로 처리가 된다. 이러한 기법들은 그의 영화에 자주 등장하는 장면 샷(Shot)이다. 카메라는 피사체를 따라 움직이는 눈의 역할을 담당한다. 이런 유동성 그림은 종종 진실이나 반증의 요인으로 작동하게 된다. 나루세 영화에서 모든 움직임은 물리적 공간과 지적 공간으로 나누어진다.

나루세 영화의 큰 특징을 이루고 있는 이동 촬영은 특히 지적인 것을 요구한다. 이동 촬영으로 인해 지적인 공간과 시간이 생기는 이유는, 전형적인 시간차에 따른 움직임, 환각적인 심오함의 반증으로서 움직이기 때문이다. 피사체와 카메라 움직임이 겹쳐지는 기법에서 영화적 감정의 리듬이 탄생한다. 피사체의 시선을 포함한 등장인물들의 신체적 움직임이 있다. 이것을 피사체의 액션(Action)이라 할 수 있다. 또한 그것을 묘사하는 컷(Cut)과 카메라의 위치, 앵글의 움직임이 있다. 이것을 묘사의 액션(Action)이라 할 때 여기에서 나루세의 영화적 감정의 리듬이 생겨난다.

이러한 효과는 회화의 중첩법(重疊法) 효과와 같은 현상이 나타난다. 정면 롱 샷(Long shot)에서 보여주는 인물들을 가까운 곳에서 보여 주다가 다시 먼 곳에서 보여주는 샷(Shot)들이 나루세 영화에 종종 나타난다. 거기에는 거리의 실물과 흡사한 현상과 공간과 실재의 관계에 대한 설명이 빠져 있다. 영상의 간섭 없이 카메라와 인물들의 관계를 아주 편안하게 설정한다. 이러한 무심한 평정 등이 그의 영화 이미지를 만들어주었다. 〈부운〉 작품에서 주인공 유키코와 토미오카가 공원에서 산책하는 모습을 카메라는 인식하지 못하게 조용히 따라간다. 이 장면에서는 어떠한 상황도 개입

을 허용하지 않는다. 이러한 기법은 달리 샷(Dolly shot)의 가장 큰 특징
이다.

나루세 감독의 두 번째 통합시점에서 나타나는 특징은 자연스러운 리
듬감이다. 나루세 영화에서 카메라를 향한 피사체는 조금도 어색하지
않으며 구도나 샷(Shot), 편집조차도 위선되지 않는 단조로움과 순차
성이 발견된다. 이러한 현상들은 그의 영화를 특징짓는 무기가 되고 컬
러가 됐다. 나루세는 격렬한 카메라 워킹과 인위적인 몽타주 등을 억제
하고 시각적 효과보다는 이야기를 중시하는 할리우드 영화의 영향을 받
아 토키적 수법의 확립을 지향하게 된다.

나루세 작품에서 나타나는 고정 화면과 이동 화면의 중시는 이런 흐름과
맥을 같이 한다. 나루세의 작품 대부분에서 나타나듯 절묘한 일상적 리
듬은 영화의 리듬으로 만들어 진다. 마치 화면에서 일어나는 사건들의
전부가 자연스러운 듯 묘사되어 기교성 마저 못 느끼게 된다. 영화에 그
려지는 것은 모두 허구의 세계이며 비기교성은 기교의 결과이자 산물
이다. 스스로의 기교성을 지워버릴 만큼 강인한 영화적 테크닉이 자연스
럽게 영화에 나타나는 그의 힘을 발견하게 된다.

〈사진 28-1〉　　　　　　　　　〈사진 28-2〉

〈사진 28-3〉   〈사진 28-4〉

우리나라 관객들은 미국 영화에 익숙해져 있다. 템포의 빠름, 현란한 샷(Shot) 구성, 인위적인 구성법 등이 현대 미국 영화의 현주소이다. 동양적 느림의 미학에 견주어 본다면 나루세 영화의 플롯(Plot)을 이해하는데 많은 시간이 필요할 것이다. 그러나 그의 영화는 지루하거나 길게 느껴지지 않는다. 그의 간결한 영화 기법들은 멜로드라마(Melodrama) 적인 구성들을 복잡하게 만들지 않았다. 그의 작품들은 템포가 완만하고, 침착하고, 느리며 인위적이지 않다. 생략의 기법(편집)조차도 서두르거나 조급해하지 않는다.

나루세 감독의 카메라 워킹은 구도나 앵글, 편집까지도 억지로 만들어진 것이 아닌 아주 자연스러운 것으로 그의 영상의 도구가 되었다. 카메라 워킹과 인물들의 움직임 속에서 교차되는 부분에서 감정의 리듬을 발견할 수 있다. 즉, 자연스럽게 우리는 영화적 움직임의 빛을 발견한다. 그의 영화들은 독특한 프레임(Frame) 구성과 인물들의 움직임이 특징적이다. 정적인 연출과 더불어 조명에 의한 깊은 공간의 환상과 뛰어난 회화적 아름다운 공간을 창조해낸 감독이다.

〈사진 29〉

〈사진 30〉

〈사진 31〉

〈사진 32〉

〈사진 33〉

〈사진 34〉

특히 나루세의 〈부운〉은 주인공의 시선을 포함한 등장인물들의 신체적 연기와 그것을 포착하는 샷(Shot), 카메라 위치, 앵글의 움직임이 분주하게 서로를 관찰하게 만들었다.

나루세 감독의 세 번째 통합적 영상의 특성은 수직적 원리이다. 빛에 의한 구도법은 나루세 영상 미학의 우수성을 발견케 한다. 주인공의 심리를 수직적 구도법과 빛에 의해 차단된 공간을 통해 현재성을 강조시켰다.

답답한 수직적 구도법은 나루세 영상의 기조를 이룬다. 이 기법은 셋슈 토요의 〈추경산수도〉 그림의 구도와 일맥상통한다. 15세기 일본 화가의 화면 구성 전체를 지배하는 수직적 원리를 느끼게 된다. 두 주인공의 심리 상태를 마음의 벽처럼 나타내는 수직적 구도〈사진 35, 36, 37, 38, 39〉는 오직 한 길 밖에 존재할 수 없는 현재성을 인식시키는 계기를 만들어주었다.

〈사진 35〉

〈사진 36〉

〈사진 37〉

〈사진 38〉

〈사진 39〉

두 주인공과 빛(Lighting)이라는 요소는 나루세의 영화적 구도를 새롭게
탄생시켰다. 숙명적인 만남과 사랑을 연기하는 남여의 시공간은 현재의
고립성을 낳게 만들었다. 지난날 행복했던 시절 주인공들의 플래쉬 백
씬(Flash back scene)은 하이 키(High key)의 조명으로서 〈사진 29, 30, 31〉
과 같은 열린 공간을 제시한다. 현실에서는 다시 로우 키(Low key) 조명과
〈사진 32, 33, 34〉의 수직적 구도로 현재의 암울한 상황을 나타낸다. 나
루세의 영화적 시선에는 종교적이나 거창한 철학적 용어들이 필요 없다.
나루세는 인간이 완벽하기를 바라지 않는다. 그래서 그의 영화에서 휴머
니즘은 오히려 군더더기에 가깝다. 그의 작품은 오히려 철저한 현실을

직시한 리얼리즘을 선호한다. 나루세 감독에게 더 이상 미래는 존재하지 않는다. 오직 현재의 시간만 있을 뿐이다. 과거도 그의 영화에서는 무의미하며, 현재에 의해서 잉태되는 만큼만 시간이 존재한다. 그래서 그의 영화에서는 화려한 탈출구는 존재하지 않는다. 이러한 수직적 구도의 화면은 철저하게 갇힌 영화의 상징성을 갖는다. 나루세는 상황을 과장시키거나 관객 등의 동정심을 호소하는 것을 경계했다. 자칫 내러티브 기법의 영화가 빠질 수 있는 진부함에 대한 우려를 나루세 감독은 특유한 연출기법으로 불식시켰다. 그래서 그의 영화에서 항상 세트(Set)는 〈사진 40, 41, 42〉에서처럼 초라했고, 과거의 플래쉬 백(Flash back) 화면을 제

〈사진 40〉

〈사진 41〉

〈사진 42〉

외하면 거의 다 형편없는 구질구질한 미장센으로 일관했다.

나루세 영화에서는 밝은 조명 기법으로 과거는 항상 아름답게 묘사되었다. 즉 인간이 주체이기 때문에 배경에 의해 인물의 성격을 훼손시키지 않으려는 감독의 고집이 자주 화면에 나타나게 된다.

따라서 나루세 영화에 등장하는 인물들은 보편적인 삶을 사는 사람들이 대부분이다. 그가 창조한 인물들은 명예나 경제적·사회적 지위보다도 욕망, 충동, 본능, 자연, 또는 현재성 쪽에 가까웠다.

그의 영화는 다른 일본 감독들 영화보다 더욱 구체적이고 솔직하게 외면상 진지하게 양식화 되었다. 보다 추상적 이미지나 환상을 일으킬만한 기법은 그의 영화에서는 사치로 나타난다. 그저 담담하게 현실을 인정하며 화면에 화려한 자수(刺繡)를 놓는 격이다.

일본 서민들의 애환과 진솔한 삶에 초점을 맞춘 나루세 감독의 영화는 일본의 리얼리즘 전통에서 출발한 것이다. 나루세 감독은 샷(Shot) 구성을 오즈 감독보다 유연하게 표현했다. 달리 샷(Dolly shot) 기법을 이용한 카메라 워킹은 픽스(Fix) 기법보다 부드러웠다. 오즈의 픽스 샷(Fix shot)에서 나타나는 단일한 표현을 나루세 감독은 경계했다. 카메라와 인물은 서로를 의식하지 않으며 주위 환경과 동화되고 이윽고 카메라와 인물은 서로 교감하게 된다. 〈사진 43, 44, 45〉 즉, 달리(Dolly) 카메라는 자연스럽게 주인공 시선으로 나타난다.

〈사진 43〉

〈사진 44〉

〈사진 45〉

나루세 영화에 자주 등장하는 구도와 앵글은 자연스러움 그 자체의 연속적인 샷(Shot)이다. 화면 속에서 주인공들은 함부로 감정을 표출하지 않으면서도 배역에 맡겨진 감정이입에 충실했다. 그의 영화는 보면 볼수록 정감 어린 깊은 맛이 우러나는 영상 기법을 사용했다. 감정의 극적인 표현을 넘어서서 고차원적인 의미를 전해주는 예술가였다. 그래서 그의 연출 스타일은 자연스러움 그 자체를 말해준다.

따라서 나루세 감독의 카메라 통합적 시점은 관객을 인물들과 같은 선상에 놓게 만든다. 오히려 관객은 관찰자라기보다 증인에 더욱 가깝게 된다. 즉 주관적 관점을 배제한 객관적 시선을 감독이 원하는 것이다. 관객을 행위의 관찰자로서 자리매김하는 카메라의 범위를 만들어 준다. 객관적 시간이 창조가 된다.

나루세의 카메라는 전지적이며 제3자적인 내레이터로서 기능하고 관객은 개성에 의해 왜곡되지 않은 시간을 지각하게 된다. 때로는 객관적인 시간이 영화의 실제 시간과 일치할 수도 있다. 불필요한 감정의 간섭은 오히려 영화를 이념화시키는 것을 나루세는 경계하는 것이다. 뚜렷한 객관적 시야로 영화의 눈을 관찰하고자 나루세는 이러한 기법들을 활용했다.

4

빅토르 에리세Victor Erice 영상의 상징성
– 〈벌집의 정령〉을 중심으로

1) 에리세 영상의 특징, 인접 예술과의 상관관계

일본 전통회화의 본질과 그 기법들을 영화에 대입시킨 1세대 영화감독 오즈 야스지로와 스페인의 대표적 감독 빅토르 에리세의 작품들은 영상의 심리적 특성을 회화적 구도로 접근 했다.

회화의 수직적 구도에서 오는 폐쇄성과 절망감, 수평적 구도에서 오는 편안함과 안락함, 공허, 특히 에리세 영상에 나타난 영상구도는 또 다른 이미지를 만들어 냈다. 크레인 샷의 하이 앵글(High Angle) 화면이 현실적 영상에서 몽환적(夢幻的)이고 때로는 황폐한 이미지 그리고 공포의 전율을 느낄 정도의 영상의 이중성을 에리세 감독은 독특한 그만의 영상언어로 표출시켰다.

두 감독은 전쟁의 아픔과 가족이라는 주제를 회화적 프레임에서 전개하며 당시대의 특수성과 삶의 보편성이라는 이중 언어를 완성했던 감독으로 분류된다.

즉 전통적인 영화 문법 안에서 크게 벗어나지 않았다는 것을 의미한다. 이를 다르게 표현하면 그와 같은 영화기법의 완숙함만으로도 충분히 그들만의 독창적 영상언어를 구축했다는 것을 뜻한다. 에리세 감독의 작품 〈벌집의 정령〉에서 시대의 트라우마를 나타내는 영화적 형식은 부재(Absence, 不在)라는 의미를 형상화하는 것이다.

화면이 정지하거나(Fix camera)[7] 텅 비어 있음을 통해 전쟁의 공포는 더욱 더 화면에 뚜렷하게 나타난다. 즉 카스티야 고원의 황무지 속에 섬처럼 고립된 마을은 외부 세계와의 고립을 의미한다.

이 마을의 통로는 오직 철길뿐이다. 황토색 필터(YelLow Filter)를 이용한 에리세 카메라의 독특한 영상은 〈바그다드 카페〉(1987, 퍼시 애들론 감독)를 연상시키는데 마을사람들의 삶은 같은 일상을 반복하는 벌집 속의 벌처럼 무의미한 일상을 정지된 화면으로 재현한다.

전쟁 직후의 황폐한 시골 마을에서 가족 모두가 자신의 세계 속에 함몰된 가정의 모습은 내전의 공포에서 오는 트라우마 자체를 형상화시키는데 모든 영화적 형식을 이용했다. 이 영화에서 폭력은 최소한 영화적 기법으로 절제되어 있어 우회적으로 표현되었다.

이렇게 이데올로기적 판단은 피해가지만 이 영화에도 전쟁의 이미지가 상징적으로 표현된다. 도망자와 군·경대(Guardia civil) 사이의 총격전 장면이 나오는데 매우 느리고, 정적인 화면에서 총성과 섬광만이 영화의

---

7 에리세 영상에서 정지화면은 피사체가 프레임(Frame) 안에 갇힌 듯한 심리적 특성을 나타냄.

설명이다.

영화의 제유적 기법(제유법, Synecdoche, 提喩法)은 문장작법 및 수사법에 나오는 비유법(比喩法)의 하나이다. 비유법 중에는 사물의 명칭을 직접 쓰지 않고 사물의 일부분으로 전체를 나타내는 제유법과, 사물의 특징으로 전체를 표현하는 환유법이 있다. 이 둘을 통칭하는 대유법(代喩法)은 영화의 함축된 의미를 관객에게 전달하는 기능을 한다.

이러한 촬영기법이 그의 영화를 빛나게하는 에리세 감독만의 연출기법이다. 공포를 단순화시키면서 화면은 또 다른 공포를 만들어낸다. 영화는 회화의 연장선상에 있으며 영화는 회화와 자유롭게 넘나드는 인식의 틀을 만들어 나갔다. 그리고 영화 고유의 시적 리얼리즘에 대한 고찰이다. 즉 구도와 앵글(Angle), 샷(Shot) 속의 몽타주 이론을 제시했다. 분명 지금도 에리세 영상에 정적(靜寂)인 카메라가 포착한 순수한 피사체가 그의 구도(Frame) 속에 살아 움직이고 있다.

또한 영화와 회화의 관계, 영화와 사진의 관계, 그리고 영화 고유의 시적 리얼리즘에 대한 이론은 서로 맞물려 있다. 황량한 카스티야 고원, 롱 샷(Long shot)의 오두막, 텅 빈듯한 인물의 배치, 단순한 색조와 로우 톤(Low tone, YelLow tone)과 부분 조명(Spot lighting) 기법의 시각적 장치들은 그의 영화 미학이 서양회화의 이론에서 출발했다는 것을 증명하고 있다.

다른 한편 역사의 흔적과 그 흔적이 개인에게 남겨진 내면을 탐색한다는 면에서 에리세의 영화들은 리얼리즘적 주제를 천착하고 있지만, 재현의 방식은 영화 매체에 대한 성찰과 시적인 내러티브로 구성되어 있다. 현대 라틴아메리카 감독 중 시적 리얼리즘의 대표적인 예로 스페인 감독 빅토르 에리세의 영화를 분석하려는 것이다.

다시 말해, 이론적인 측면에서 시적 리얼리즘의 개념을 논의하면서 동시에 작가론의 측면에서 빅토르 에리세 감독의 영상 스타일(에리세 영화의 미장센)을 조명하고자 한다. 즉 그의 영상 구도(構圖)에서 나타나는 화면의 다양성이 시적 리듬(Photogénie)을 만들어 냈다.

에리세는 30년 동안 단 3편의 장편영화만을 연출했음에도 불구하고, 관객과 비평가들로부터 적지 않은 찬사를 받아왔다. 특히 프랑코 시대가 저물어가던 1973년에 개봉된 〈벌집의 정령: El espíritu de la colmena〉은 젊은 감독의 첫 작품임에도 불구하고 비평가들로부터 비상한 관심을 모았다. 이런 긍정적인 평가는 무엇보다 그의 영화가 중남미 사회가 내포하고 있는 사회적 경향을 영화적으로 표현하는데 있어서 정적인(Fix camera, Long shot, 수평 구도) 회화적 화면과 시적인 리듬을 차용하고 있기 때문이다.

이 영화는 스페인 시민전쟁 직후인 1940년대를 배경으로 카스티야의 한 시골마을에 사는 가족의 일상을 담아내면서 다양한 형식적 실험을 실천하고 있다. 또한 이 영화는 앙드레 바쟁(Andre Bazin)의 영화이론에 대한 예민한 고찰로 다가오는데, 바쟁의 세 가지 핵심적 주제가 형식적 재현을 통해 반영되어있기 때문이다. 그 세 가지란 △영화와 회화, 유동회화론(流動繪畵論)의 관계, △영화와 사진(寫眞, 움직임 속의 영상 혼, 선택된 공간의 내향성)의 관계, △조명의 어둠과 밝음으로 현실과 비현실 과거를 교차시켜 영상에 풀어놓는 기법을 말한다.

이런 논리는 영화 매체가 내포하고 있는 성찰 혹은 존재론적 탐색의 가능성을 논의한 철학적 영역과, 예술·회화·사진·연극 등의 인접 예술, 그리고 예술적 영역의 이해와 프레임 속에서 구현은 이탈리아의 네오리얼리즘 영화로 이어졌다. 영화는 회화의 연장선상에 있으며 영화는 회화보다 자유롭게 넘나드는 인식의 틀을 만들어 나갔다. 그리고 영화 고유의 시적 리얼리즘에 대한 고찰이다. 즉 구도(Frame)와 앵글(Angle), 샷(Shot) 속의 몽타주 이론을 제시했다. 분명 지금도 에리세 영상에서 나타나는 정령은 카메라가 포착한 순수한 피사체와 현실의 완전한 미적 환영으로 그의 영화 구도(Frame) 속에 살아 움직인다.

에리세 영화의 시적인 경향은 그가 영화예술가로 성장했던 1960년대와 관련이 있다. 1960년대 유럽영화의 주류는 프랑스의 누벨바그였으며, 누벨바그는 앙드레 바쟁의 리얼리즘 이론을 적극적으로 수용하며 할리우드의 상업영화와 대립되는 작가주의 영화를 지향했다. 동시에 이 시기는 프랑코 독재시대였고, 검열을 의식한 은유적 영화들이 점차 확장되어 제작되었다.

〈벌집의 정령〉은 이런 시대적인 흐름과 스페인 국내의 정치·사회적 경향을 수용하면서, 궁극적으로 중남미 영화 역사에서 가장 시적(詩的)인 스타일을 만들어 냈다. 여기서 시적인 스타일은 운문적인 롱 샷(Long shot)의 외향성과 클로즈 업 샷(Close up shot)의 내향성을 연결하는 몽타주의 리듬, 빛과 어둠의 교차라는 에리세 감독만의 독창적 영상을 만들었다. 나아가 보다 은밀하게 시적인 정서를 형성하는 것은, 이 영화 전체에 구조화되어 있는 회화적 인식이다. 그는 영화를 사진과 회화의 연장적 매체로 인식했다.

그의 영화에서 서사적 정보로 이루어진 화면은 롱 픽스 샷(Long fix shot)이 무의미한 존재가 아님을 반증해 준다. 영화의 서사적 흐름을 떠나 영상은 그 자체로 시각적 감상의 대상이 되는 것이다. 이런 인식은 극도로 절제된 대사와 침묵을 전경화함으로써 시각성을 도출해내고 이를 통해 풍부한 시적 정서를 유발하고 있다. 시적 사실주의(Réalisme poétique, 詩的寫實主義)는 주로 일상적인 삶을 다루되 이를 시적으로 그려내고, 특히 회화적인 구도와 인상주의적인 조명, 정적인 쇼트 등 미장센을 강하게 활용함으로써 밀도 있는 분위기와 사색적인 감성을 보여주었다.

그리하여 에리세는 액자효과와 프레임의 기호학적 영상을 만들어냈고, 야스지로 프레임 영화는 서양화의 원근법 기법과 동양화의 기법에 선적(禪的) 구도가 가미된 영상을 만들었다. 액자틀 기법을 넘나드는 촬영은 에리세의 작품에 현실적 환영을 일으켜준 요인이 됐다. 이런 영화적 철학은 에리세 영상 이미지의 의미를 즉각적으로 화면에 나타내지 않고 해석의 여운을 남겨놓는 것이 에리세 영화의 문법이 되었다.

2) 스페인의 사회적 현상과 영화의 외부 형식, 내적인 영상의 상징 기호

(1) 1940년 스페인의 역사적 배경

스페인에서 전통적으로 내려오는 민족주의 개념은 스페인 전역에 해당되는 국가적 정체성을 말하는 것이 아니라 카탈루냐, 바스크 지방 등의 지역 정체성을 일긷는 말로 통용되는 아이러니를 불러왔다.

하나의 국가 안에 복수의 민족 개념이 싹트게 된 것은 스페인 내전(1936~1939) 무렵이다. 19세기 초 나폴레옹의 침입을 받았을 당시 나폴레옹 군을 물리치기 위한 독립운동이 펼쳐졌을 때 비로소 스페인 민족주의

의식이 잉태가 된다.

나폴레옹 점령 시기 민족주의적 고뇌를 보여준 화가는 스페인의 대표적 지성인 화가 프란시스코 데 고야(Francisco de Goya, 1746~1828)[8]였다. 그는 인간의 내면에 감추어진 야만성과 잔혹한 본성이 지루한 전쟁을 통하여 어떻게 나타나는지를 그림으로 분출시켰다〈그림 6, 7〉. 평범한 궁정화가였던 고야는 스페인이 정치적인 격변 속에 휘말리면서 육체와 정신은 만신창이가 된다. 그래서 그는 민족의 앞날을 위해 천착하게 된다. 중기 이후 그의 작품은 초기에 많이 그렸던 밝은 색채의 유화와 다르게 어둡고 그로테스크한 톤으로 민족의 운명과 사회의 부조리를 리얼하게 캔버스에 담아낸다. 일반적 그림에 대한 개념을 바꿔놓은 그의 충격적이고 사실적인 이미지의 그의 작품은 스페인의 민족적 정체성 개념과 에리세 영화와 연결된다.

이때 비로소 고야다운 스페인적 그림을 그리기 시작한다. 그는 외형적 스페인 풍(투우, 플라멩코) 그림에서 내향적 이미지(민족주의적) 그림을 그리기 시작했다. 그래서 고야는 날조되고 박제된 스페인 풍 이미지를 거부하고 당 시대의 현실과 민족적 고뇌를 화폭에 담아냄으로써 스페인의 정체성을 찾았다. 고야는 나폴레옹 전쟁과 민중 봉기, 그리고 잔혹한 학살 장면들을 역사의 현장에서 영화처럼 목격했다.

고야는 한 사람의 고발자로서 역사의 증인이 되고자 했다. 그의 그림에

---

8 고야는 벨라스케스(Diego de Velazquez)의 작품을 연구하고 복제했다. 왕실가족의 초상화인 〈시녀들 Las Meninas〉에서 많은 영감을 받았다.

예전에 없었던 짙은 톤(Tone)의 어둠이 내리기 시작한 것은 당연한 이치다. 인간이 얼마나 잔인해질 수 있는지, 이웃의 고통에 얼마나 무관심해질 수 있는지 고야는 알 수 없었다. 이성이 잠들었을 때 사악한 악령이 춤추며 노래하는 광경은 바로 고야가 목격했던 역사의 현실이었다. 고야는 에스파냐의 역사를 그림에 투영시켰다. 그의 붓은 큰 줄기의 역사들을 성실하게 기록했다.

고야의 작품은 스페인 후대 예술가들에게 지대한 영향을 미쳤다. 특히 스페인의 많은 영화감독들이 고야의 이미지를 영화에 차용했으며, 고야의 작품은 스페인적 정체성의 원형이 되었다. 루이스 부뉴엘(Luis Bunuel), 후안 안토니오 바르뎀(Juan Antonio Bardem), 루이스 베를랑가(Luis G. Berlanga), 카를로스 사우라(Carlos Saura), 빅토르 에리세(Victor Erice), 호세 루이스 가르시(Jose Luis Garci) 감독 등이 고야의 민족적 예술 혼을 이어가고 있다.[9]

스페인 영화에서 작가감독이 구별될 수 있었던 것은 프랑코 정권 독재와 연관이 있다. 프랑코 정권하의 검열로 인해 감독들은 정치적 메시지를 비유적(영상의 메타포 기법, 시적 사실주의, 마술적 사실주의, 네오리얼리즘)으로 표현할 수밖에 없었고, 이런 비유적이고 시적인 표현 덕분에 정치적 영화는 예술적 영화로 승화시켰다.

이러한 환경은 스페인 사회의 문제점을 표현할 수 있는 영화적 상상력과 테크닉을 얻게 된다. 즉 검열을 피하면서도 스페인의 역사와 당대의 현

---

9 임호준, <스페인 영화>, 문학과 지성사, 2014, pp,14~24

실을 비판할 수 있는 방법에 영감을 얻는다.

스페인에서는 19세기 말부터 두 개의 스페인으로 불리는 보수파와 자유파 간의 갈등이 존재했고, 이 갈등은 1936~1939년의 내전으로 이어져 그 산물로 1975년까지 프랑코의 독재가 시작된다.

영화는 처음에 1940년 스페인이라고 배경을 밝힌다. 1939년부터 프랑코 독재가 시작되었고 영화가 만들어진 1973년까지도 독재는 계속되었다. 따라서 등장인물들이 살고 있는 시간은 불편하고 억압된 시간의 정중앙이었다.

영화는 정치 상황에 대해 한마디 언급도 하지 않지만 뒤덮인 적막으로 우리는 당시 분위기를 짐작할 수 있다. 영화는 이상하리만큼 조용하고 조심스럽다. 무성영화라 해도 무관할 만큼, 부부는 대화하지 않고 그나마 대사가 가장 많은 아이들은 아무도 없는 들판에서조차 속삭일 뿐이다. 그렇기 때문에 그들의 집은 항상 숨이 막힐 정도로 고요하다. 창은 온통 답답한 벌집 모양이고 카메라는 계속해서 텅 빈 집의 모습에 고정되어 있다.

에리세 감독은 정지화면(Fix camera 구도와 카메라 워킹)이나 텅 빈 공간을 통해 오히려 전쟁의 존재를 더욱더 명징하게 드러낸다. 그 고요함의 공백을 다른 것으로 메우려는 듯 어머니는 편지 쓰기에 골몰하고, 아버지는 벌집에 집착한다. 사우라 영화가 그러하듯 스페인의 사회적, 역사적 맥락에 깊이 뿌리내리고 있다.

하지만 〈벌집의 정령〉 작품에서는 독재에 대한 저항의 메시지를 직접적으로 표현하기보다는 역사로부터 상처입은 사람들의 소외와 고독을 예술적 서정성으로 형상화했다.

〈그림 6〉 프란시스코 고야의 〈겨울〉

〈그림 7〉 프란시스코 고야의 〈1808년 5월 3일〉. 나폴레옹 군대의 무차별 민간 학살

(2) 에리세 영화의 프레임

프레임은 또 다른 프레임인 영화 프레임으로 의미적 연쇄이동이 일어난다. 영화의 프레임은 일본 헤이안(平安) 시대의 두루마리 회화에서처럼 셀룰로이드 필름 표면에 규칙적으로 분리된 4각형의 화면들이다.

사전적 정의는 이미지 혹은 화면 영역의 경계이고, 극장 안에서는 스크린의 경계이다. 영화 촬영기법에서 프레임은 미장센의 틀이고, 편집의 구성단위이다. 화면의 구성이나 사물 및 인물의 배치와 관련해 하나의 시각적 틀을 제공하는 프레임은 영화제작의 가장 기초적인 요소이자 영화적인 시발점이다. 영화는 연속적인 현실의 움직임이지만 사실은 한 컷 한 컷으로 이루어진 정지된 사진들의 연속이다.

영화는 움직여야 한다는 인간의 예술적 충동이 정사진(靜寫眞)들을 이동시켰다. 하나의 프레임 안에 머물러 있으면 그것은 회화나 사진이지 영화는 아니다. 영화는 앞의 화면이 프레임이라는 경계선을 넘어 다른 프레임으로 이동해야한다. 이때 개별 화면의 사각형 테두리가 프레임이지만, 그 개별 화면 전후의 다른 화면도 그 자체가 움직이는 프레임이다. 왜냐하면 하나의 화면을 구성하고 있는 다른 화면들은 그 화면의 경계를 이루고 있기 때문이다.

이 프레임들은 독립적인 단절이 아니고, 끊임없이 경계선을 넘어가면서 창조적 연속으로 이어간다. 영화적 기법으로 말하면 움직임의 환상을 주는 것은 스크린의 시간과 망막 잔류 시간 사이의 단절이다.

에리세 영상의 미학적인 기능도 프레임을 통해 만들어나갔다. 영화감독의 의무이자 예술적 공간선택이 프레임을 통하여 나타난다. 이 선택의 기능 때문에 감독의 주관성이 뚜렷이 작품에 나타난다. 즉 어느 공간을 어떻게 포착하느냐에 따라서 영상은 의미가 완전히 달라진다.

프레임에는 가장 강렬한 강조의 특성이 있다. 롱 샷(Long shot, 외향성)과 클로즈 업(Close up, 내향성)은 서로 다른 의미가 나타난다. 영화의 프레임은 창문 역할을 한다. 영상에서 프레임은 이미 창틀의 의미가 내포된다. 일반 관객들은 창문을 통하여 외부 세계를 바라보듯 시청자는 영화의 프레임(Frame)을 통해 가공된 세계를 인식하고 지각한다.

영화 프레임에 대한 연구는 영화 미학의 본질에 대한 질문이다. 프랑스의 미학자 앙드레 바쟁은 회화적(繪畵的) 프레임과 영화적(映畵的) 프레임 간의 차이를 밝혔다. 회화적(繪畵的) 프레임이 그림 내부의 공간을 현실의 공간과 구분해주는 물리적인 틀인 반면, 영화 프레임은 현실세계 일부분만 보여주고 나머지는 착시현상으로 가리개 역할을 한다. 눈 속 프레임이 그림에서 표현되는 소우주와 그림이 속해 있는 자연이라는 대우주 사이의 이질성이 특징인 반면, 영화 프레임은 스크린 내의 세계가 스크린 밖의 외부 세계로 무한히 연장되어 동질적 공간을 형성하는 임의적이고 일시적인 공간이다.

그러나 '자크 오몽'은 이와 같은 이론에 반대했다. 영화의 프레임에는 두 가지의 특징이 모두 들어 있다고 했다. 즉 영화의 프레임[10]은 본질적으로 이중적 성격이 있어서 구심적(求心的)이면서 동시에 원심적(遠心的)이고, 내부와 외부를 이질적인 것으로 구분짓는 경계이자 동시에 영화의 화면

---

10 프레이밍(Framing)된 화면공간은 항상 화면 밖의 세계와 연속되어 있으며 화면 밖의 공간이 끊임없이 화면 속에 작용하여 상호간의 교류를 이끄는 역할을 한다. 화면에 미적질서를 어떻게 하느냐에 따라서 영상의 깊이가 결정된다.

영역과 외적인 화면 영역을 연결시켜주는 창문이라고 했다.[11]

영화 감독에게 프레임은 내부를 정리해야만 하는 작은 울타리처럼 여겨졌다. 특히 러시아 출신 몽타주이론가이자 감독인 에이젠슈테인은 프레임 안을 채워야하는 한 장의 흰 종이에 비유했다.

에리세 감독의 영상은 회화적 프레임과 영화적 프레임의 기능을 집요하게 그의 영화에 접목시켰다. 프레임에는 감독의 주관성이 개입된다.

즉 에리세 영상에서 감정이 배제된 롱 샷은 정권에 밀려난 지식인의 좌절감을 화면을 통하여 제시해준다. 눈속임은 회화보다 영화가 더 자극한다.

그런데 그 눈속임은 무엇인가? 현실의 환각으로서, 실제적인 스펙터클에 대한 환각처럼 순식간에 재현된다. 현실의 환각에서 혼동된 의식과 정지된 회화적 영상과 회화는 서로에게 분리된다.

영화 속 시선이 단순한 이동에 의해 재현이 시선과 더불어 움직이지 않고, 거기에는 눈속임만 있다. 눈속임의 효력을 나타내는 것은 환각과 반증의 변증법이다. 이는 환각의 공허감과 왜곡된 상의 관점을 강조시킨다.

우리 시선의 이동은 다음 두 가지 이유 때문에 영화에서 기본적인 역할을 한다. 첫 번째 회화와 관객이 동시에 움직일 수 있는 반면, 영화의 관객은 마음대로 움직일 수 없다는 것이다. 관객이 이런 과정을 카메라에 위임하는 것이다. 카메라는 움직이는 눈이고, 이런 유동성은 진실이나

---

11 박정자, <빈센트의 구두>, 기파랑, 2005, pp,227~229

반증의 요인으로 작동한다. 영화에서 움직임은 물리적 공간과 지적인 공간으로 나누어진다. 지적인 공간은 영화 태동의 시발이다. 에리세 영상의 객관적 시점은 영화의 미적 체험을 만들어 나간다.[12]

(3) 회화적(정태적) 장면과 롱 테이크 샷(Long take shot) 심리적 기법

영화의 양식을 결정하는 것은 샷(Shot)의 성격, 즉 영상의 심리적 요인(거리, 앵글, 조명, 렌즈, 피사계 심도)과 몽타주 이론 유형이다. 몽타주는 쇼트의 배열과 연결의 중심 시스템이자 일종의 영화 구문론이다.

영화의 궁극적 행위는 시간과 공간을 연결하는 영상의 원리 위에 만들어진다. 영화의 역동성은 감독에게 장소, 거리, 앵글, 편집의 템포 등을 자유롭게 사용할 권한을 부여 받는다.

에리세 영상의 가장 큰 키워드는 객관적 사물을 인식시키는 롱 샷(Long shot)이다. 에리세 영화에서 시간은 채워지는 것이 아니라 건물처럼 구축된다. 감독은 장면들을 삽입하거나 카메라의 위치와 앵글(angle)에 다양한 변화를 줌으로써 영화 전체의 리듬을 조절한다.

그래서 시간에 대한 독특한 지각이 창조된다. 뮌스터베르크[13]는 모든 영

---

12 파스칼 보니체, 홍지화 옮김, 동문선 <영화와 회화-탈 배치>, 2003, p.48

13 미국 하버드 대학 심리학 교수 휴고 뮌스터베르크(Hugo Münsterberg)는 1916년에 발행된 그의 저서 <극영화의 심리학적 연구 The Photoplay: A Psychological Study>에서 영화는 바깥 세계를 기억, 상상, 주의집중, 감정이 포함된 마음의 기제로 바꾸어 놓는다고 하였다. 그는 영화에 대한 심리학적 접근으로 심리학, 정신의학, 정신분석과 밀접한 연관을 맺고 있다고 했다. 그는 연극을 자연의 법칙 즉 시간의 연속성에 지배를 받지만 영화는 자연의 법칙 대신 인간의 의식 내면 움직임에 의해 결정되어주는 자유를 갖는 예술이라 했다.

화적 요소를 정신적인(심리적인) 것이라고 보았다. 카메라의 기본적인 성질 외에도 그는 클로즈 업(Close up), 풀 샷(Full shot) 등 카메라 앵글의 중요성을 강조했는데 그것은 렌즈(Lens)나 카메라가 그러한 요소들을 기술적으로 이용하기 때문이 아니라 그가 집중(선택된 공간)이라고 말하는 정신(예술적 혼)의 작용을 표현하는 요소들이라고 보았기 때문이다. 정신(영상의 내재된 혼)은 움직이는 세계 속에 내포되어 있을 뿐 아니라 집중력을 통하여 그러한 세계를 체계화시킨다.

이런 논리는 포토제니 이론으로 연결된다. 포토제니(Photogénie)이론을 제창한 프랑스의 루이스 델뤽(Louis Delluc)을 중심으로 모인 감독들은 이론과 작품제작을 겸하였으며, 그중 대표적인 프랑스의 감독 아벨 강스(Abel Gance)는 〈철로(鐵路)의 백장미〉(1923)와 3면화면(三面畵面)에 의한 〈나폴레옹〉(1927) 등의 문제작을 발표하였다. 독일에서는 로버트 비네(Robert Wiene)의 〈칼리가리 박사〉(1919)를 비롯하여 프리드리히 무르나우(Friedrich Murnau)의 〈최후의 인간〉(1924), 프리츠 랑(Fritz Lang)의 〈니벨룽겐〉(1924) 등 표현파 영화가 등장하여 독일영화의 황금기를 장식하였다.

이것은 게오르그 빌헬름 파브스트(Georg Wilhelm Pabst)의 심리적인 기법에 의한 영화들로 이어졌다. 그는 1920년대 예술적으로 매우 탁월한 영화를 만들었다. 그의 영화는 인간성에 대한 깊은 통찰로서, 감동적이고 독창적인 인물, 특히 여성상 창조에 뛰어난 능력, 사회문제가 개인에게 미치는 영향 및 사회적 · 정치적 쟁점에 대한 끊임없는 관심, 유연한 장면전환과 동시에 각 장면에 의미를 부여하는 효과적인 편집 등이 특징이다.

그의 첫 영화는 등장인물들이 숨겨진 보물을 찾는 동안 싹트는 연정을 그린 〈보물 Der Schatz〉(1923)이었다. 감독으로서 첫 성공을 거둔 영화는 인플레이션에 허덕이는 전후 빈의 생활을 냉혹하고 사실주의적으로 그려 세계적으로 유명해진 〈기쁨 없는 거리 Die freudlose Gasse〉(1925)였다. 2번째 성공작은 혼란된 의식을 세밀히 파헤친다는 면에서 표현주의적 주제를 상기시키는 정신분석에 대해 사실주의적으로 고찰한 〈영혼의 비밀 Geheimnisse einer Seele〉(1926)이었다. 〈잔 네의 사랑 Die Liebe der Jeanne Ney〉(1927)은 전후 배경의 사실성을 높이기 위해 기록영화 장면을 섞어 만든 사랑이야기이며 뛰어난 촬영기술과 장면을 잇는 매끄러운 편집으로 많은 찬사를 받았다. 이 3편의 영화로 그는 세계적으로 유명한 감독이 되었다.

1920년대 후반과 1930년대에 만든 영화들은 사회적 조건과 개인 사이의 상호관계를 더욱 강조했다. 이러한 부류에 속하는 걸작으로는 〈위기 Abwege〉(1928) · 〈판도라의 상자 Die Büchse der Pandora〉(1929) 〈사라진 소녀의 일기 Das Tagebuch einer Verlorenen〉(1929) 등이 있다. 뒤의 두 작품은 파프스트가 여성 에로티시즘의 이상이라고 생각했던 여배우 루이즈 브룩스의 명연기로 특히 유명하다.

1930년대 초반 제1차 세계 대전 중 전선의 교전상태를 사실주의적으로 묘사한 〈서부전선 1918 Westfront 1918〉(1930) 〈서푼짜리 오페라 Die Dreigroschenoper〉(1931), 광산에 참사가 일어나자 국제적인 협력의 한 실례로 프랑스 · 독일 노동자가 합동 구출작업을 벌인다는 내용을 그린 〈동지애 Kameradschaft〉(1931) 등의 영화에서 좌익의 입장을 취했다. 전후 그가 제작했던 가장 탁월한 영화는 히틀러 체제의 마지막 10일을 재현한 〈마지막 행동 Der letzte Akt〉(1955)이었다. 스웨덴에서도 V.셰

스트뢰므, M.스틸레르 등의 장려(壯麗)한 인간 드라마가 북유럽의 독특한 자연풍경을 배경으로 전개되었다.

혁명 이후 소련에서는 몽타주 이론을 중심으로 V.푸도프킨의 〈어머니〉(1926), S.M.에이젠슈테인의 〈전함(戰艦) 포템킨〉(1925), 그리고 시적 상징주의(象徵主義)의 감독인 우크라이나 출생의 A.도브젠코(Aleksandr Dovzhenko) 감독 등이 독특한 포토제니 영화 세계를 펼쳐갔다. 그의 대표적 작품인 〈대지 Zemlya〉(1930)는 상징주의적 시각으로 농부들이 땅에 품고 있는 유대감을 표현한 작품이다. 그의 영화적 논리이자 영화 정신은 감독의 감정과 신비주의적인 상징성이 서술적인 구조보다 우선한다는 것이다. 영화는 단순한 움직임의 기록이 아니라 정신, 의미가 담긴 사실을 창조하는 방법에 관한 체계적 수록이라고 지적했다.

에리세의 카메라 앵글(Angle)이나 구성(Composition), 초점, 심도 등이 영화를 일련의 정지화면 같은 활동사진(Moving Picture)의 단순한 수록에서 한 단계 앞서도록 하는 요소들인 것처럼 집중은 감각이나 움직임의 세계에 대해 작용하는 요소라는 것이다.

〈벌집의 정령〉에서 롱 샷(Long shot)(객관적 시점, 외향성)이나 표준렌즈와 광각렌즈(화면이 왜곡시키지 않고 현장과 임장감을 나타 냄)의 사용은 에리세 영화의 대표적 영상 언어가 되었고, 정사진같은 화면기법은 영화의 깊이를 단 한 컷(Cut)으로 설명했다.

"영화의 요소들은 곧 정신의 행위, 즉 정서를 표현할 수 있는 거울이 되도록 구성이 되어야 한다. 영화란 현실세계를 표현하는 매체가 아니라 정신을 표현하는 매체이며, 영화의 근본은 기술적인 문제가 있는 것이 아니라 정신세계 속에 존재하는 것이라는 점을 강조시켰다"

일련의 정지사진에 대해 정신 작용을 통해 우리가 느끼게 되는 움직임의 본원적 영상의 재현된 환상은 카메라 앵글, 화면의 구성, 영상의 크기 또는 조명 등의 요소를 통해 인식되는 선험적 관심에 의해 증대된다. 화면을 통해 정서감을 느끼도록 하는 것은 사진극(Photoplay)의 가장 중요한 이론이다. 영화의 요소들은 곧 정신의 행위, 즉 정서를 표현할 수 있는 거울이 되도록 구성되어야 한다. 영화는 분명히 한 화면 한 화면이 사진적으로 정지된 영상이지만 그 사진은 운율적(Photogénie)[14] 통일성을 지니게 되며 통일성은 다시 시적인 영상의 꿈을 키우는 원동력이 된다.

그는 회화적 기법의 프레임 구축으로 당 시대의 특수성과 우리들 삶의 보편성이라는 이중 언어를 완성시킨 감독이다. 에리세의 프레임은 공간을 내부로 집중시키는데 비해 일반 스크린이 우리에게 보여주는 것은 반대로 세계 속으로 무한히 확장된다. 이러한 효과로 에리세 프레임은 원심적이고, 스크린은 구심적 성격을 나타낸다. 그래서 이 영화를 보고 한 편의 동화책을 읽은 듯한 느낌을 받는 것은 아이의 시선으로 본 이야기 때문이기도 하지만 회화(繪畵)적 화면의 연속 때문이기도 하다. 아이들이 빈 집을 향해 뛰는 들판, 뛰쳐나가는 아이들 앞으로 계속적으로 열리며 빛이 드는 문, 특히 문이 나오는 장면은 헤겔의 이론인 "외부 없이는 내부도 없다"라는 것처럼 이 영화에서 문은 안과 밖을 교차시켜 복도의 화면을 현실과 비현실로 처리했다.

---

14 포토제니는 회화에서의 색채와 조각에서의 볼륨처럼 예술 고유의 요소를 의미한다. 영화에서는 시각적 리듬을 나타낸다. 아벨 강스 감독의 <철로의 백장미>가 포토제니 미학을 실현한 대표 작품이다. 포토제니는 소련의 에이젠슈테인 등의 몽타주 이론과 더불어 무성영화 시대의 고전적 영화이론이다.

이 샷(Shot) 속에서 나타내는 영상의 의미는 프레임(Frame) 속에 갇혀 있는 현상을 보여준다〈사진 46〉. 이 씬(Scene)은 마치 르네 마그리트의 〈변증법 예찬〉〈그림 8〉 작품을 연상시킨다. 그리고 두 아이가 나란히 선 기찻길 장면〈사진 47〉 등은 극도로 단순한 구조인데도 불구하고 깊은 공간감이 느껴져 아름답다. 마찬가지로 영화 전체의 화면에 장식을 절제하여 깨끗하고 정갈한 그림 같은 인상을 준다.

이와 같은 회화적 장면들은 아름다운 카스티야 지방의 풍경〈사진 48〉을 감상하며 우리가 인물에 더 집중할 수 있도록 돕기도 한다. 또한, 이 영화는 장면 전환(영화의 템포)이 상당히 느리다. 롱 테이크 샷(Long take shot)에 익숙하지 않은 우리에게는 적막한 영화 전체의 조심스러운 분위기나, 아나의 비밀스런 감정 상태와 잘 어우러진다. 결국 눈물을 쏟아낼 듯한 아나의 클로즈 업(Close up)된 투명한 얼굴, 간결하지만 회화적 화면, 조형적 카메라 워킹은 영화를 환상적이고 몽환적인 분위기로 연출한다.

에리세 감독의 관찰자 시점은 작품 바깥에 있는 작가가 외적 관찰자의 입장에서 이야기를 서술하는 방법으로, 이는 전지적 시점보다는 작가와 시청자의 관계가 매우 정태적이라 할 수 있다. 작가는 하나의 관찰자에 지나지 않으므로 주관을 배제하고 객관적 태도로 외부적인 상황, 사실을 관찰 묘사한다. 따라서 배경을 사실적으로 묘사하는데는 적합한 형식이라 할 수 있다. 그래서 객관적 시점(극적 시점)이라고도 한다. 서술자인 작가는 등장인물의 발화와 동작, 표정 등을 있는 그대로 묘사하여 독자에게 실상만을 제시할 뿐, 거기에 대해 해설, 평가를 하지 않는다. 즉, 시청자(관객)가 직접 작품을 분석, 해부하여 이해토록 맡겨 두는 정태적 관계를 유지한다.

〈사진 46〉〈벌집의 정령〉 집 내부. 외부와 내부를 한 프레임 안에서 형상화 시킨다.

〈그림 8〉 르네 마그리트의 〈변증법 예찬〉(1937년)

〈사진 47〉 철길의 원근법적 구도

〈사진 48〉 카스티야 지방의 고유한 톤과 회화적 구도의 프레임

(4) 사각의 틀, 에리세 감독의 심상

영화는 한 씬(Scene)도 도시를 벗어나지 않는다. 도시 건물에는 갇힌 듯 살아가는 평범한 사람들의 일상을 카메라는 관조하듯 이들을 추적한다.

감독이 말하고자하는 것은 스스로 왜 갇혀서 생활을 하여야 하는지에 관한 것인데 아주 평범한 주제의 출발이라 할 수 있다.

매 프레임마다 여러 개의 문과 창문이 나오는데 감독은 개인과 개인 관계 그리고 한 개인의 심상과 자아를 그 문들을 통해 나타내려했다. 균일하게 이어진 문들은 마치 영화의 프레임처럼 변형한다 해도 결국 4각 또는 6각의 틀을 벗어날 수 없는 운명처럼 영상은 우리의 뇌리에 각인된다. 그것은 한 개인의 눈이자 사각 혹은 육각의 시각이고 내가 세상을 혹은 타인을 재는 잣대인 것이다.

칸트[15]는 예술작품을 설명하는 과정에서 파레르곤[16]의 개념을 규정하여 재현의 밖에, 재현과 나란히 같이 있는 것만이 파레르곤이라 했다. 그러나 데리다[17]는 일체 피사체의 경계선을 모두 파레르곤이라 했다. 그에게는 모든 선과 경계선, 그리고 모든 사각형의 프레임이 파레르곤이다. 우리가 액자소설이라 말할 때 개념인 액자효과도 파레르곤이다. 액자효과

15 전통미학에서 임마누엘 칸트(Immanuel Kant, 1724~1804)는 미적 대상으로서 작품의 본질인 에르곤(Ergon)과 파레르곤(Parergon)을 구분하면서 파레르곤의 역사에 있어서 지위를 규정하고 고전적 파레르곤의 위치를 체계화했다. 작품의 본질인 에르곤은 내재적인 미적의미와 가치를 두면서 외재적이고 부수적인 파레르곤인 액자는 보조적 구별을 하면서 미술작품은 내부와 외부를 분리하는 경계를 가져야 한다고 보았다. 그러므로 칸트에 의하면 파레르곤으로서 액자는 그림의 본질적인 에르곤의 나머지 부분이거나 이차적이고 보충적인 잉여의 산물이 된다고 보았다.

16 파레르곤은 '주변'을 뜻하는 파라(Para)와 '작품'을 뜻하는 에르곤(Ergon)의 합성어다.

17 데리다는 "상자 내지 액자와 같이 작품을 경계 지어 만들어진(혹은 설정된, 프레임 된) 주변이라는 파라는 본질적으로 작품인 에르곤을 둘러싸고 있는 부수적인 것으로 이해했다. 그래서 본질적인 것이 부수적인 것보다 가치가 있는 것인가?" 즉 파라-경계-에르곤의 관계성을 사유해냄으로서 이 경계 자체에 대한 비판이 가능해지고, 더 나아가서는 새로운 상자로 도약하는 새로운 논리의 진보가 만들어졌다.

의 어원은 서구 귀족가문의 문양이다. 문장은 방패꼴의 중심부분에 조그만 액자가 있고, 이 액자 안에 문장이 축소되어 다시 들어 있는데 이 축소된 문장(紋章)을 아빔(Abime)이라고 한다. 아빔은 심연이란 뜻이다. 그러니까 액자효과란 그림 속에 큰 그림과 똑같이 재현된 그림(피사체)이 마치 심연처럼 한 중간에 빠져있는 방식의 예술작품이다.

외부 없는 내부는 내부조차 구성할 수 없다는게 헤겔의 논리다. 외부 없이는 내부도 없다는 사실을 헤겔은 2백 년 전에 인식을 했다. 또 액자효과(Mise-en-abime)를 발견한 마그리트는 70년 전에 이미 경계선의 넘나듦이라는 데리다의 파레르곤 이론을 그림으로 보여주고 있다.[18]

스페인 지방의 황량한 롱 샷(Long shot)은 4각=6각=역사적 트라우마=부재=불통=자유를 향한 갈구=현실적 환상으로 연결된다.

3) 영화의 내적 요인

(1) 등장인물 이중성의 아이러니

아버지와 어머니: 개성 없고 무기력한 아버지(국가 내의 인텔리 망명자, 벌과 페르난도의 등치된 상징 이미지)와 어머니는 어른의 세계를 대표한다. 그런데 그들의 행동은 의문투성이다. 어머니는 누구에게 무슨 편지를 그토록 열심히 쓰는 것이며, 왜 공허하게 피아노 건반을 두드리고 있을까. 부재하

18   Ibid, pp,223~226

는 듯 살아가는 테레사는 이중적으로 존재감이 없다.

그녀는 남편과 마찬가지로 현실에 대해 아무 연결점이 없는 그림자에 불과 할 뿐만 아니라 부재하는 인물에게 편지를 쓴다. 아버지의 직업은 무엇이고 그가 쓰는 글들은 무엇을 위한 것인가. 아버지는 왜 벌집에 집착하고 있는가. 그들은 함께 대화하고 소통하는 대신 자기만의 세계에 갇혀 지낸다.

하지만 영화는 그 이해할 수 없는 행동들에 대해 무엇 하나 속 시원하게 대답해주지 않는다. 분명한 것은 부모들이 아이들과 단절되어 다른 세계에 살고 있다는 것이다.

이들 가정부나 아나, 이사벨이 살고 있는 집은 양봉장 꿀벌의 집과 유사하다. 유리창의 육각형 구도와 앵글(Angle)은 이들이 생존을 위해서 몰두하는 숨이 막힐 정도의 생활과 지난 세월에 너무 많은 것들을 잃어버린 삶임을 내레이션과 더불어 고발한다.

이들 부부는 새로운 시대의 패러다임에 적응하지 못하고 기형적인 모습으로 남겨진 스페인적 초상이다. 이 영화는 카를로스 사우라 (Carlos Saura)감독의 작품 〈사냥〉, 〈까마귀 기르기〉의 들판과 집 내부의 공간과 흡사하다.

아나와 이사벨: 그들은 우울하고 음침한 분위기에도 불구하고 '신비스러움'을 잃지 않는다. 호기심 어리게 세상을 바라보는 아이들의 눈 때문에 우리는 적막한 배경에도 불구하고 이 영화를 동화적인 느낌으로 기억할 수가 있다.

괴물은 죽은 것이 아니라 정령이 되어 살아있다는 언니의 장난스런 대답에 아나가 괴물을 찾아 떠나는 것에서부터 이야기는 전개된다. 하지만 아나와 이사벨의 입장은 조금 다르다는 생각이다.

언니인 이사벨에게 그것은 놀이이자 장난이었지만 아나에게는 진지한 현실이다. 언니는 죽음을 연기하면서 장난을 치기도 한다. 그런가하면 뜨거운 불꽃에서도 다치지 않고 노는 법을 안다. 아나가 세상을 이제 막 체험하고 있다면, 이사벨은 이미 적당히 현실을 알고 영리하게 위험을 피할 줄 안다.

영화가 아나의 환상이 깨지고 어른의 논리를 깨닫는 일상적 스토리로 전개되지 않고 괴물과 만나는 장면을 통해 아나의 세계는 꿈같은 환상도 아니고 완전한 현실도 아닌 모호한 은유적 결론을 우리에게 제시해 주었다.

(2) 에리세 감독의 상징 이미지

벌집: 에리세 영상에서 프랑코 독재기는 엄연히 존재하는 현실 혹은 과거이다. 벌집의 정령은 전체주의적 군사정권 아래에서 획일적이며 일사분란하고 끊임없이 노동과 감시 착취로 연명하는 삶을 의미했고, 정령은 죽어가는 공산주의자들과 우파정권을 피해 망명한 스페인 난민들을 의미했다.

내용 전개와 별 상관없는 듯 중간 중간 등장하는 벌집의 이미지는 어떻게 이해하면 좋을까? 영화에서 벌집의 벌들은 의미 있는 존재가 아니라 벌집을 유지하기 위해 기계처럼 움직일 뿐이라고 말한다. 그런 점에서 벌집의 벌들과 벌집 모양의 창문 속에 살고 있는 아나의 가족은 닮았다. 그들은 가족이라는 이름 안에서 각자의 본분을 다할 뿐 서로에게 의미

있는 존재는 아니다. 함께 밥을 먹고, 아이들에게 독버섯을 구별하는 법을 가르치는 자상한 아버지이지만 서재에 있는 동안 아이들 방에서 나는 소리에는 무관심하다. 아이들이 위험한 빈 집에 들락날락거리는 사실조차 알아차리지 못한다.

아버지는 아버지대로 어머니는 어머니대로 또 아이들은 아이들대로 자신만의 시간을 보낸다. 아나가 정령을 찾아 헤매는 것도 우연이 아니다. 자신의 세계를 이해하고 지켜줄 친구가 필요했을 것이다. 벌집은 그들이 살아가는 세계의 축소판이다〈사진 49〉.

그런 의미에서 영화 중간에 아나가 투명한 상자 속 벌집을 조심스럽게 바라보는 장면은 아나가 곧 혹은 지금 그들이 살아가는 세상을 들여다보고 배우기 시작했다는 상징으로 해석해볼 수 있다〈사진 50〉.

이 집 식구의 삶이야말로 벌통 속의 벌과 같다. 여러 각도(독재 시대의 감시와 통제)에서 카메라는 벌집 모양의 창문을 배경으로 촬영된 인물들이 곧 벌이라는 이미지로 각인한다〈사진 51, 52〉.

〈사진 49〉 아나와 벌들의 일상들을 동치시킨다.　　〈사진 50〉 벌집에 갇혀있는 벌들은 현재 진행형의 재해석이다.

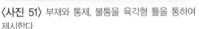

〈사진 51〉 부재와 통제, 불통을 육각형 틀을 통하여 제시한다.

〈사진 52〉 벌집 모양의 창문을 통하여 사회 현실적으로 누군가에게 통제되고 있는 현실을 나타 냄

죽음의 이미지: 프랑켄슈타인, 독버섯, 반란군은 어른들의 세계에서 '나쁜 것'으로 분류되어 죽임을 당한다. 사람들이 프랑켄슈타인을 죽인 것처럼 아버지는 독버섯을 처참하게 짓이기고, 반란군으로 추측되는 남자는 공권력에 의해 사살된다. 하지만 아나의 세계에서는 상황이 다르다. 아이는 그들이 왜 죽어야만 하는지 전혀 이해하지 못한다. 그래서 괴물을 두려워하지 않았고, 정령이라고 믿었던 남자가 죽었을 때 충격에서 빠져나오지 못해 가출을 감행했고, 가출한 동안 발견한 들판의 독버섯을 아버지처럼 밟아죽이지 않았다.

그러나 이러한 죽음의 이미지 가운데서도 사람들은 조용한 혁명을 꿈꾸고 있다. 어머니가 편지를 쓴다거나 아버지가 벌집을 관찰하는 무의미한 행동들도 다른 관점에서 보면 그렇게해서라도 고난을 견디며 가치 있게 살아가려는 몸부림으로 볼 수 있다. 아버지는 아이들에게 지금은 갈 수 없지만 훗날 꼭 함께 가자며 별천지일 것만 같은 먼 산을 가리켰다. 공간의 이동은 정신의 자유스러운 희망을 나타낸다. 또한 아나가 연못에서 만난 프랑켄슈타인은 아버지 역할의 배우가 분장하고 촬영했다.

어른들의 세계에선 환상이고 거짓에 불과한 괴물 역할을 어른의 상징인 아버지가 했다는 것은 어떤 의미일까. 그들은 분명 소리 없이 자유스러운 혁명을 외치고 있다.

(3) 시적 사실주의(El Realismo Poético)

독일의 비평가 루트비히(otto Ludwig)의 논문 〈시적 사실주의 Der poetischer Realismus〉에서 온 말로서 종래의 낭만주의와 자연주의를 융합 지양(止揚)한 형태로 주장된 문학 형식이었다.

시적 사실주의 학파의 작가들은 현실을 묘사하면서도, 예술을 공리적으로 생각하지 않았고, 일상사를 다루면서도 내면적인 깊이를 숭상하고 미(美)를 소중히 여겼다. 훗날의 자연주의처럼 현실의 재현을 위해서 미를 희생시키지는 않았다.

그들은 현실을 재현하는 것이 아니고 주변의 소재로 유머의 세계를 엮어 나갔으며, 전(前) 시기처럼 아류(亞流) 의식을 답습하지 않고, 산문의 기법을 닦아 외부 묘사와 심리 묘사에서 종전까지 없었던 구상적(具象的)이고 세밀함의 미장센으로 영화를 만들었다. 시적 사실주의 영화는 미장센을 강조한다. 실내장식이나 세팅, 조명에는 치밀한 연출을 하였지만 독일 표현주의 영향은 받지 않았다. 시적 사실주의는 다큐멘터리식의 사회적 사실주의가 아니라 재창조된 또 다른 사실주의다.

파리의 일부분을 세트(Set)에서 촬영했는데 이것은 비현실적이면서도 엄연한 사실주의 영화라는 것을 말해주기도 한다. 영화에서 쓰이는 시적 사실주의는 1934년부터 1940년까지 프랑스에서 만들어진 영화의 한 경향을 지칭하기 위해 조르주 사둘(Georges Sadoul)이 사용한 용어이다. 자크 페데(Jacques Feyder)는 이런 영화를 만든 초기의 대표적인 인물이다. 그가 만든 두 편의 영화 〈외인 부대 Le Grand Jeu〉(1934)과 〈플랑드르의 사육제 La Kermesse Héroïque〉(1935)은 영화사적으로 주목할만한 영화이다. 플랑드르의 사육제 작품은 떠들썩한 사육제의 하루를 해학적으로 표현한 영화인데 특히 브뤼헐[19]의 그림과 정교한 정물화에서 차용한 미장센이 돋보이는 작품이다.

시적 사실주의 대표적인 감독인 줄리앙 뒤비비에(Julien Duvivier)감독은 역시 중요한 작품들을 남겼는데, 가장 유명한 것은 장 가뱅이 주연한 〈망향 Pépé le Moko〉(1937)이다. 이 영화에서 뒤비비에는 고향으로 돌아가려 하지만 갈 수 없는 장 가뱅의 심리를 사실적이고 연극적인 양식으로 그렸다. 마르셀 카르네(Marcel Carné)는 자크 프레베르[20](Jacques Prévert)의 각본을 바탕으로 시적 사실주의로 분류되는 영화들을 몇 편 만들었는데 무거운 운명주의적 색채를 띤 〈안개 낀 부두 Quai des Brumes〉(1938)가

---

19 대(大) 피터르 브뤼헐(네덜란드어: Pieter Brueghel de Oude, 1525년 경~1569년 9월 9일)은 브라반트 공국의 화가이다. 북유럽 르네상스의 대표적 화가인 그는 태어난 마을 이름을 따 성을 삼았다. 1551년 앤트워프의 화가 조합에 들어간 후, 이탈리아·프랑스에서 유학하였다. 처음에는 '민간 전설'이라는 속담 등을 주제로 하여 그림을 그렸고, 후에 네덜란드에 대한 에스파냐의 억압을 종교적 제재로써 극적으로 표현하였으며, 이어서 농민 생활을 애정과 유머를 담아서 사실적으로 표현하였으므로 '농민의 브뤼겔'이라고 불리었다. 여기서의 풍경 묘사는 풍경화 역사에서 중요한 위치를 차지하고 있다. 작품은 동판화 1점을 포함하여 45점이 알려졌지만 〈장님〉, 〈라벨의 탑〉, 〈농부의 혼인〉, 〈눈 속의 사냥꾼〉 등이 특히 유명하다.

20 자크 프레베르(Jacques Prévert)는 시인, 극작가, 시나리오 작가 그리고 샹송 '고엽'의 작사가이다. 프레베르는 1925년부터 1930년 초까지 초현실주의 그룹에 속해 있었다. 그는 이론적 실험에만 몰두했던 초현실주의자들과 다르게 거리의 현실 참여 초현실주의를 구현한 시인이었다. 그는 시에 대한 관심보다 영화에 관심이 많았다. 그가 시나리오를 쓴 영화들은 〈해가 뜬다〉, 〈밤의 문〉, 〈밤의 손님들〉, 〈안개 낀 부두〉, 〈천국의 아이들〉이 대표적 작품들이다.

대표적 작품이다.

카르네 감독이 보여준 주제와 분위기는 너무나 영화적 기법이 다분해 1920년대 지속적으로 추구해 온 영화의 진보가 〈안개 낀 부두〉나 〈새벽〉에서 귀결되는 것이라고 생각할 수 있다. 카르네의 영화는 프랑스 영화에 실존하고 있던 대립적인 두 가지 양식(한쪽은 사실주의를 추구하는 한 경향, 다른 한쪽은 현실을 외면하는 상상적 경향)의 통합에서 그 의의를 찾을 수 있다.

오늘날 프랑스 영화의 우수에 찬 퇴폐적 이미지는 카르네 등이 세워 놓은 시적 사실주의의 전통 때문이기도 하다. 카르네와 프레베르가 만든 최고 걸작은 1945년 작 〈천국의 아이들 Les Enfants du Paradis〉이 손꼽힌다.

이 영화는 스타일이 풍부하고 우아하며 또 화려한 시적 드라마로서 19세기 파리를 배경으로 연극과 사랑에 청춘을 바치는 젊은이들의 이야기를 3시간이 넘는 대작으로 그렸다. 독일 점령기에 만들어졌음에도 불구하고 이 영화는 프랑스 시적 사실주의의 절정으로 평가된다.

시적 사실주의 계열의 또 다른 감독으로는 장 르누아르(Jean Renoir)가 있다. 인상파 화가 오귀스트 르누아르(Auguste Renoir)의 아들이었던 그는 무성 영화 시대에 영화를 시작하여 유성 영화로 옮겨갔고 반전사상을 담은 〈위대한 환상 La Grande Illusion〉(1937)은 일상의 진실성을 세부적으로 잘 표현했다.

이 작품에서 전통적인 화면구성에서 벗어나 유려한 카메라워크, 심도 깊은 영상미는 영화의 새로운 현실감을 불어 넣었으며 네오리얼리즘 영화에 큰 영향을 주었다. 이 영화와 더불어 〈게임의 규칙 La Règle du

Jeu〉(1939)은 시적 사실주의의 뛰어난 본보기이다. 이 작품은 지배계층의 속물성을 야유하고 풍자한 영화다.

현실적인 것과 시적인 것은 공존할 수 없다. 현실은 실제이며 일정한 규칙과 틀이 존재한다. 그러나 시적이라 함은 표준으로부터 이탈이 허용될 뿐 아니라 실존하지 않을 수도 있는 것이다. 우리의 삶에서도 현실과 환상은 엄격히 구분된다. 현실을 쫓자면 환상을 잃게 되고, 환상에 빠지면 현실을 잃게 된다.

그러나 이 영화에서는 공존이 어색한 이 두 가지를 자연스럽게 교차시켜 '시적 리얼리즘'을 창조한다. 장 르누아르가 주목하는 것은 카메라의 리얼리즘이 리얼리티의 존재 방식과 그에 대한 인간의 지각을 명료하게 해준다는 것이다. 그것은 사실을 재현하는 것이 아니라 표현의 리얼리즘적 다양한 형식을 찾고자 하는 그들만의 영화적 형식의 발견이었다.

〈벌집의 정령〉 작품 속 아나의 이야기에서 어디까지가 현실이고, 어디까지가 환상이냐고 묻는다면 뭐라고 답하겠는가? 아나의 세계는 눈에 보이지 않으면 믿지 않는 현실도 아니고, 사실은 외면하고 꿈만 쫓는 환상도 아니었다.

영화도 아나의 세계를 아이스러운 환상의 세계로만 보지는 않는다. 오히려 환상과 실제는 더 가까워지고 구분이 어려워졌다. 특히, 기차에서 뛰어내린 남자의 등장과 죽음 이후 아나에게 감정이입(感情移入)된 우리는 무엇이 현실인지 더 혼란스러워하게 된다. 남자가 죽임을 당하자 충격의 무게를 감당하지 못한 아이는 뛰쳐나와 숲을 떠돌게 된다. 거기에서 끝났다면 정령은 허구의 존재임이 밝혀지고 아나는 어른의 세계에 한 발 다가서는 깨달음을 얻었을 것이다. 하지만 아나는 연못에서 괴물과 만난다. 이제 아나의 세계에서 정령은 또 하나의 현실이다.

이처럼 현실과 환상의 경계가 아슬아슬하게 유지되면서 보는 사람으로 하여금 꿈같지만 나만의 정령도 어딘가에 존재할 것만 같은 착각을 이 작품에서 불러일으킨다. 이것이 이 영화의 '시적 리얼리즘'이다. 깜깜한 창가로 나가 다시 정령을 부르는 아나만이 이 이야기의 결말을 알고 있다〈사진 53〉.

〈사진 53〉 조명기법으로 현실과 비현실적 환상을 교차시켜 준다.

4) 작품분석

1940년, 카스티야 메세타[21] 이름 없는 마을에서 에리세 특유의 카메라로 한 가족을 포착한다.

일요일 영화 트럭이 도착한다. 다용도로 쓰이는 낡은 건물에서 영화 〈프랑켄스타인〉이 갑자기 상영된다. 관객들 중에는 이사벨과 아나라는 두 소녀가 있다. 동생인 아나는 언니에게 왜 괴물이 사람을 죽이고 마지막에는 죽느냐고 묻는다. 이사벨은 상상력을 동원하여 괴물은 친구가 될 수 있는 정령이라고 대답해준다. 아나는 괴물을 보고 싶어 그를 찾아다니며 부른다. 자매가 부모와 함께 사는 오래된 큰 집에, 아나만이 느끼는 눈에 보이지 않는 존재로 채워간다. 부모들은 삶을 향한 그들만의 향수와 미련에 갇혀 어린 딸의 상태를 눈치채지 못한다. 어느 날 아나가 사라진다. 고통스러운 수색 끝에 아나가 발견되지만, 아나 외에 그 누구도 이 모험의 끝을 알지 못한다.

영화 〈벌집의 정령〉은 정말로 독특한 영화다. 영화는 기본적으로 스페인 내전을 배경으로 하고 있으나 영화 내에서 스페인 내전은 하나의 풍경에 불과하다. 하지만, 역설적이게도 이 영화가 이야기하고 싶은 것은 스페인 내전의 상흔이다. 〈벌집의 정령〉이 보여주고자 하는 스페인 내전의 상흔, 직접적으로 스페인 내전을 다루지 않지만, 에리세 감독은 여러 가지의 영상의 메타포를 인용해 인간의 삶에 영향을 끼치는 영화를 표현

---

21 전통적이고 보수적인 카스티야의 시골이라는 공간은 역사적 과거성과 비시간성이 현실과 환상 간의 복합적이고 모호한 관계를 영화적 시간으로 환치시키는데 매우 적합한 장소다.

했다. 동시에 장르영화의 공식(판타지나 공포영화)으로부터 〈벌집의 정령〉을 원용하는 두 영화와 다르게 〈벌집의 정령〉이 출발하는 지점은 상당히 독특하며 아름다운 이미지를 구축한다. 에리세 감독 유년기의 원시적 공포는 알프레드 히치콕의 영화에서 영향을 받았고, 영화의 시적 구도는 오즈 야스지로 감독에게게서 나타나는 시간의 정지와 사색을 차용했다.

〈벌집의 정령〉의 가장 큰 특징은 서사 자체가 거의 존재하지 않는다는 것이다. 처음 〈프랑켄슈타인〉의 상영 장면 이후로, 영화는 아나와 이사벨의 일상생활 장면들로 연속된다.

하지만, 그러한 장면들은 어떠한 서사의 일관된 흐름에 기초한 것이 아니라, 정말 말 그대로의 '일상적인 행위들의 연속'인 것이다. 물론, 이사벨이 아나에게 프랑켄슈타인의 존재, 즉 정령의 존재를 이야기해주고, 그로 인해서 아나가 주변에 흐르는 기묘한 흐름들, '보이지 않는 존재'를 찾으러 돌아다니는 흐름이 깔려있기는 하나, 본질적으로 그것이 언어화되어 서사적으로 구체화되지 않는다. 서사성의 약점을 에리세 감독은 그의 독특한 화면구성으로 설명적 영화를 극적템포의 회화적 영화로 만들었다. 〈벌집의 정령〉은 서양 회화의 원근법 전통을 영화 속으로 차용함으로써 서사적 영상을 구축한다. 즉, 영화는 서양 회화처럼 소품과 인물의 배치 등을 통해서 어떤 독특한 뉘앙스를 만들어낸다.[22] 마치 벨라스케

---

22 에리세 감독은 스페인 화가 중에 수르바란(Zurbarán) 같은 종교 화가들의 그림들에서 많은 영감을 얻었다. 스페인 바로크 미술의 화가 수르바란(Francisco de Zurbarán, 1598. 11. 7 ~ 1664. 8. 27)이 그린 유화 <A Franciscan Monk>(1630~32)는 특히 종교적인 주제를 다룬 그림으로 유명하며 그의 작품은 카라바조(Caravaggio)풍 자연주의와 테너브리즘(Tenebrism) 이 특징이다. 테너브리즘이란 대부분의 형상을 어둠 속에 가려진 듯이 묘사하고 일부만 극적으로 밝게 그리는 기법이다. 그는 동시대의 화가 벨라스케스(Diego

〈그림 9〉 벨라스케스의 〈시녀들〉

스의 〈시녀들〉[23] 〈그림 9〉이 독특한 구도를 통해서 다른 회화에서 찾아볼
수 없는 독특한 작품을 만들어냈다.

페르난도의 서재에 걸린 커다란 그림은 그의 상태를 암시한다. 그림의
가운데는 글을 쓰고 있는 남성이 있고 왼쪽에는 사자가, 오른쪽 아래는
해골이 놓여 있다. 이 남성은 히브리어로 된 성경을 라틴어로 번역한

Rodríguez de Silva y Velázquez, 1599~1660)와 동일한 자연주의 양식을 배웠음을 알 수 있다.

23 그림 중앙에 펠리페 4세가 많이 아꼈다는 '마르가리타 공주'가 있고, 저 뒤쪽 거울에 펠리페 4세와 왕비
가 보이고 그림 왼편에 이 그림의 또 다른 주인공 화가 '벨라스케스가' 보인다. 그 당시에 전형적이지 않았을
구도, 인물의 배치, 빛의 묘사 등으로 수많은 화가들에게 영감을 주었고 수 많은 시인과 소설가들에게 이야
깃거리를 준 작품이다.

성인(聖人) 히에로니무스로 추정된다. 그는 학자의 상징이고 사자는 이 성인의 수호자이며, 해골은 죽음 또는 바니타스(Vanitas: 허무)를 상징한다.

그리고 서양회화들이 그림 내에서 소품들(해골 같은 것이나 혹은 특정한 상징물 같은)을 배치함으로서 회화는 단순히 그림을 뛰어넘어서 어떠한 이미지와 메타포 시적 함축성을 만들었다. 〈벌집의 정령〉도 그러한 회화에서의 차용을 넘어 에리세 영상의 독창성을 화면으로 대체시켰다. 그는 수르바란(Zurbarán) 같은 화가의 독창적 기법을 영화에 차용했다〈그림 10, 11〉. 아나라는 어린 소녀의 시선에 의해서 재배치되고 거기 숨어있는 '정령', 즉 평화로운 일상 속에 숨어있는 스페인 내전이라는 우울한 풍경을 재발견하는 것이다.

그렇기에 정령의 메타포로서 프랑켄슈타인을 인용한다. 아나가 언니 이사벨에게 물어보는 것, 왜 프랑켄슈타인이 아이를 죽이고, 자신도 죽어야했는가에 대해서 이사벨이 프랑켄슈타인은 아무도 죽이지 않고 실체 없는 정령이 되어서 여기에도 있다고 거짓말을 할 때, 정령과 프랑켄슈타인은 등치된다.

이사벨이 아나에게 정령에 대한 이야기를 해주고 난 뒤, 바로 이어지는 장면에서 아나의 아버지가 인간 사회를 하나의 벌집의 형태로 비유하는 독백이 등장한다. 인간사회가 하나의 벌집이고, 프랑켄슈타인이 실체가 없는 정령이라면, 제목 〈벌집의 정령〉이 내포하는 바는 바로 사회에서 사라져버린 어떤 인간의 실체 그 자체라는 것이다. 하지만, 어린 소녀를 죽이고 성난 사람들에게 죽음을 당한 '괴물'의 이미지를 이사벨이 부정하고 '그건 영화야. 다 거짓말이라고…'라고 선언하는 지점에서 이 정령은 뭔가 '독특한 것'이 된다. 눈에 보이지는 않으면서 동시에 사회로부터 추방당한 '신비로운' 존재지만, 그것은 사회의 편견과 다르게 사악함 같은 특질을 지니지 않는다.

이 정령의 존재를 믿는 아나가 재발견하고 일상 속에서 찾아내는 이러한 이미지들은 대단히 조밀하고 미세하다. 앞서 이야기한 서양 회화의 전통처럼, 이 모든 것들은 일상의 풍경 속에 숨어있으며 구체적인 이미지라기보다는 모든 그림의 세밀한 지점들이 하나로 합쳐져서 만들어지는 아주 극히 미묘한 뉘앙스의 문제로 영화는 표출시킨다. 그리고 아나는 이 신비로운 분위기에 점점 매혹되는데 언니 이사벨이 창문을 열어놓고 죽은 척 하면서 장난을 치는 장면에서 아나의 모습이라던가, 불타는 장작더미 위를 뛰어넘으면서 노는 아이들을 바라보는 아나의 시선은 어딘지 모르게 위태롭다. 이 위태로운 감각은 아나가 진짜 정령, 스페인 내전에 관련된 탈영병을 만나게 되면서 구체화된다.

아나의 심리적(心理的) 시선은 디졸브(Dissolve) 기법과 두 부부의 불통의 의미를 내레이션으로 처리된다. 양봉장에서 일하는 아빠 페르난도의 모습을 보여주는 영화 서두에 들리는 사운드는 엄마의 내레이션이다. 엄마의 내레이션은 엄마가 쓴 편지 내용이다. 벌집을 들여다보는 아빠의 모습과 옛 연인에게 보내는 엄마의 편지는 각자의 외로운 심리와 소원한 부부 관계를 드러낸다. 아무 말 없이 벌집을 보고 있지만 아빠의 모습에서는 고독과 패배감이 느껴진다. 엄마 테레사는 편지로 파괴와 슬픔을 겪었으며 살아 있음을 느낄 여유조차 잃었다고 고백한다.

아빠의 모습을 보여주는 화면에 엄마의 내레이션을 넣은 이유는 둘은 직접적으로 소통하지 않은 채 서로의 고독에 빠져 있다는 걸 알려주며, 그

럼에도 불구하고 부부로 한 가정을 이루고 있는 연결된 관계라는 걸 동시에 보여준다. 이처럼 〈벌집의 정령〉은 화면과 사운드(音響)[24]의 비동조화를 통해 한꺼번에 두 가지 상황을 설명하는 동시에 그 상황이 연결되어 있다는 것도 알려주고 있다.

〈벌집의 정령〉은 중요한 장면에서 화면전환(시간과 공간의 변화 기법) 방식으로 앞 화면이 녹아내리며 뒤 화면으로 대체되는 디졸브(Dissolve)를 사용하고 있는데, 이를 통해 연관성이 없어 보이는 두 개의 화면이 심층적으로 연결되어 있다는 걸 심리적 효과로 보여준다. 가령, 아나와 이사벨이 수업을 받는 장면과 우물이 있는 빈집을 찾아온 자매를 보여주는 장면을 연결시키는 방식이 그러하다.

수업시간에 한 아이가 소설을 읽고 있는데 마지막 구절이 "나는 떨어지면 헤어 나올 수 없는 곳으로 추락하리라"이다. 그리고 디졸브(Dissolve)된 화면이 우물가의 아나의 모습과 몰래 동생을 지켜보는 이사벨의 모습이다. 이사벨의 얼굴은 불길한 음향과 함께 다시 디졸브(Dissolve)되어 검정고양이의 검은 눈으로 변한다. 검정고양이는 이사벨의 죽음을 암시(暗示)하는 존재다. 이어지는 장면에서 이사벨은 검정고양이의 목을 조르다 손가락을 물리고 손가락에서 배어나온 피를 입술에 발라 빨아먹는다. 이 사건이 있은 뒤 이사벨은 의자에서 굴러떨어지고 아나가 언니를 발견한다. 디졸부(Dissolve)로 이어진 사건들은 영화 전·후 방향성을 열린 플

---

24 테레사는 유일하게 피아노 연주가 소통기구다. 이 곡은 공화파의 지지자였던 로르까(Federico Garcia Lorca)의 'Romancero gitano'(집시 민요집)곡으로 패잔병 혹은 낙향한 지식인의 고뇌를 느끼게 하는 유일한 이 영화에서의 효과다. 로르까는 38세에 프랑코 극우 민족주의자 손에 죽었다.

롯으로 연결시킨다.

이 영화를 본 관객이 이사벨이 살아 있는지 혹은 죽은 것인지 혼란스러워하는데, 그 이유는 이사벨의 죽음을 구체적으로 보여주지 않기 때문이다. 아나는 쓰러진 언니를 발견하고 흔들어 깨우다가 하녀를 부르며 달려나간다. 그런데 다음 장면에서 벌집 모양의 창으로 빛이 들어오고 아버지 장갑을 낀 이사벨이 아나의 눈을 가리며 그녀를 놀라게 한다. 이 장면 때문에 죽은 것이 아니라 죽은 척 장난을 친 것이라고 생각할 수 있는데, 다른 장면들에서 이사벨의 죽음은 직·간접적으로 표현된다.

이사벨의 죽음이 간접적으로 드러나는 장면은 아나가 모닥불을 뛰어넘는 언니와 친구들의 모습을 지켜보는 것이다. 어느 순간 이사벨의 모습이 정지되고 화면은 흑백으로 전환된다. 이것은 아나가 언니의 과거 모습을 회상하는 것인데, 검은색으로 변하며 정지되는 이사벨의 모습은 죽음을 상징적으로 보여준다. 또한 영화의 마지막, 이사벨이 방으로 들어와 아나에게 말을 거는 장면에서 이사벨의 침대는 텅 비어있다. 이렇게 비어 있는 침대는 명백하게 이사벨의 죽음을 보여주며 화면에 보이는 이사벨은 아나의 마음속 모습이라고 해석할 수 있다. 〈벌집의 정령〉에서 가장 독창적으로 사용된 영화적 기법인 디졸브(Dissolve)는 아나와 군인을 연결한 장면이다.

한밤중 집을 나선 아나는 나뭇가지 흔들리는 소리를 들으며 밤하늘의 구름을 올려다본다〈사진 54〉. 이 장면은 기차 레일로 천천히 디졸브(Dissolve) 된다. 레일이 보이고, 기차가 다가오고, 한 군인이 뛰어내린다〈사진 55〉. 구체적인 설명은 없지만 프랑코 정권에 맞선 저항군이라고 볼 수 있다. 아나와 군인의 연결은 이어지는 또 한 번의 디졸브(Dissolve)

로 표현된다. 침대 베개 위에 머리를 누인 아나의 모습은 빈집의 짚더미 위에 누운 군인의 얼굴로 변한다.

아나와 군인의 연결은 단지 아나가 군인에게 옷과 먹을 것을 가져다주는 정도의 관계를 보여주기 위한 것이 아니다. 아나는 언니가 말해준 정령의 존재를 믿는다. 아나는 말로 표현하지는 않지만 군인을 정령이라 생각하는 듯 보인다. 사물과 존재에 대한 뚜렷한 구분이 생기기 전인 다섯 살 아나는 죽음 이후에는 존재가 완전하게 소멸하는 것이 아니라 어떤 방식으로라도 존재할 수 있다고 믿는다. 언니가 말한 대로 친한 사람에게는 죽은 사람도 정령의 형태로 나타난다고 생각한다. 프랑켄슈타인에게 아나가 괴물을 보고 아무 거리감을 느끼지 않은 채 바로 손을 잡고 "같이 놀자"라고 이야기하는 것도 아나와 같은 순수한 마음을 가졌기 때문이다.

하지만, 그 탈영병이 처형되면서 결국 우리 주변을 정령처럼 떠도는 것은 제도화된 사회에 포함될 수 없으며 잘려지고 거세당할 수밖에 없다는 사실을 아나가 깨닫게 되면서 영화는 극적 갈등을 맞이하게 된다. 하지만 자살까지 생각할 정도로 암울함에 빠졌던 아나가 독버섯을 먹기 직전에 본 환상(정령-프랑켄슈타인)과 마지막 엔딩에서 독특한 결론(창문을 열고 정령에게 속삭이는 부분)을 내리는 부분은 인상적이다. 그것은 살아남은 사람들이 죽어버린, 혹은 강제로 잊혀져버린 희생자들이 거기 있음을 인정하고 잊지 않겠다고 조용히 속삭이는 지점이기 때문이다.

이 영화의 특징은 모든 것을 영화적 시간으로 대체한다는 것이다. 인물들은 서로 같은 공간에 위치하지만 장면과 장면이 서로 분리되고 괴리되어 잘려나가 파편화됨으로써 서로가 고립되고 단절된다. 그러면서 대화는 어두운 이미지로 바뀌고 타인으로부터 자신의 정체성을 회복하지 못

〈그림 10〉 프란치스코 데 수르바란(Francisco de Zurbaran, 1598~1664)의 〈성프란체스코, 1182년~1226년 10월 3일〉

〈그림 11〉 프란치스코 데 수르바란(Francisco de Zurbaran, 1598~1664)의 〈십자가상 앞의 루가〉

〈사진 54〉 어두운 화면을 통한 아나의 암시

〈사진 55〉 디졸브 효과는 영화의 내적 리듬을 더욱더 윤택하게 만들었다.

하는 비극이 생기는데 이같은 상황을 영상을 통하여 나타냈다.

스페인 내전의 상징−롱 샷(Long shot)−시각 인식−4각 틀−벌꿀 집의 6각형−고립−역사적 트라우마−인간의 부재로 이어나간다.

(1) 에리세 영상의 구도와 형상

작품의 창조성은 진실이 형상(프레임, Figure) 안에 자리잡아 고정된 시선을 의미한다. 피사체의 구조 안에 구성된 균열(열린 공간) 진실의 형상이다. 회화에서 선과 데생은 영화에서 프레임의 중요성으로 이어진다. 독일의 화가 '알브레히트 뒤러'는 "예술은 자연 안에 숨겨져 있으므로 자연으로부터 싸워서 빼내는 예술가만이 가질 수 있다"라고 했다.[25] 여기서 '싸우다'는 균열(열린 공간)으로부터 끄집어낸다는 것이다. 영화에서 균열은 모든 공간과 피사체를 어떻게 프레임을 하는가의 문제이고 그 작품의 정체성을 나타낸다.

그렇다면 에리세 영상에서 진실은 무엇일까. 〈벌꿀의 정령〉에서 작품은 존재자의 존재를 스스로의 방식으로 프레임해서 보여주었다. 열린 공간에서 드러냄이 작품 안에서 발생하는 진실된 샷(Shot)이다.

이 열린 영역에 세계와 자연이 속해있다. 그러나 세계(열린 공간)는 단순히 벗겨짐과 일치하는 열린 영역이 아니고, 대지(피사체, 자연)는 단순히 숨김과 일치하는 폐쇄된 공간이 아니다. 자연과 대지는 언제나 내재적으로 본질적으로 갈등관계에 있고, 호전성(충돌)이 있다. 이런 식으로 에리세 영화에서 영상의 진실이 탄생됐다. 〈벌꿀의 정령〉에서 벌꿀〈사진 56, 57, 58〉은 일반적 벌꿀(복종적 삶의 방식을 수용하는 벌집 안 벌들은 전체주의적 사회 치하의 스페인 국민을 의미한다)이 아닌 영화 전체의 존재자로서의 폭로라는 것이다.

---

25 Ibid. P.139

그러니까 벌꿀의 본질이 더 단순하고 근본적으로 부각되면 될수록 존재자는 좀 더 직접적으로 높은 단계의 영화가 만들어진다. 이것은 우리 주변에 어떤 것이 있다는 자체가 중요한 것이 아닌 작가 자체의 진실된 영상의 혜안(慧眼)의 눈이 필요하다는 것이다. 똑같은 풍경의 롱 샷(Long shot)이 에리세 영상에서는 고립과 부재라는 텅 빈 공간을 내포해주었다. 광활한 공간의 의미를 모든 관객에게 고발하는 중립적인 공간으로 표현된다. 회화처럼 아름다운 화면이지만 그 속에 내포된 이미지는 억압과 통제와 고립이라는 이중 잣대를 나타낸다.

우리가 보고 있는 세계란 단순히 우리 앞에 보이는 대상이 아니다. 그것은 작가의 예술혼을 통하여 다시 재발견이 된다. 항상 피사체는 인간 주위에 있고 물리적, 심리적 공간 그것이 일상적 세계의 표현이다. 인간은 각자의 세계를 가지고 있다. 그러나 동물과 식물은 그런 세계를 갖지 못한다. 오로지 인간만이 사물을 인식하고 예술을 지향한다. 에리세 작품은 자기의 폐쇄적 대지를 프레임에서 끌고 나와 그 위의 열린 공간인 세계를 만들었다.

이처럼 하나의 사물(피사체) 안에 물질적인 것과 상상적인 것, 또는 존재와 비존재로 되어 있다. 이것이 예술작품 이전의 상태다. 그러니까 돌덩어리가 물질적 사물이라면 그것을 형상화시킨 비너스는 미학적 산물의 예술이다. 즉, 에리세 영화에서도 일반적 풍경화가 작가의 프레임을 통하여 미학적 영화의 모티브로 만들어졌다.

에리세 감독은 절대 직접적 영화를 표현하지 않았다. 까스띠야의 사회적 현실도 은밀히 암시(暗示)될 뿐이다.〈사진 61-1~3〉 아마 역사는 단지 배경에 지나지 않으며, 영화의 내러티브가 없어도 무방할 만큼 영화는 아름답도록 서사적이다.

여기서 중요한 것은 모든 인간이 어떤 환경에서도 자유로이 꿈꾼다는 사실이다. 비록 현실이 암담하고 절망적이어도 우리는 각자 꿈꿀 수 있으며 서로 다르게 생각하는 가운데 진정한 자유가 있다고 에리세 영상은 차분하게 대변해준다.

세상은 다양하고 불가사의한 일들로 가득 차 있으며, 모든 것이 살아 움직일 때 이 세계는 내가 다 이해할 수 없더라도 지극히 아름다운 것이 된다고 감독은 프레임(Frame) 속에 풀어놓았다. 총성 하나 없이 자유와 억압, 통제는 그의 프레임 속에 자연스럽게 시청각(視聽覺)으로 스며들어 갔다〈사진 59, 60〉.

프랑코 군사정권이 막바지에 다다른 1970년대 전반 에리세 감독은 억압적인 상황 속에서 이처럼 아름다운 영화를 만들었기에 그의 예술혼(藝術魂)은 더욱 빛난다.

(2) 벌집 영상 이미지와 길의 미학적 기호

- 고립의 이미지(프랑코 정권의 영화에 대한 감시와 검열, 인물들의 감시와 통제)
- 죽음의 이미지
- 부재의 이미지
- 독재 이미지
- 소통의 부재 이미지
- 고독의 이미지

이러한 이미지는 감독이 구사하는 서사성의 회화적 프레임 안에서 영상의

〈사진 56〉 벌의 군무는 민중의 저항 이미지다.

〈사진 57〉 페르난도의 사회적 현실과 심정을 벌을 통하여 심도있게 카메라는 포착한다.

〈사진 58〉 육각형은 사회 전체 또는 집의 통제를 의미 한다.

〈사진 59〉 교전 장면은 시·청각 효과만으로도 영화의 시적효과를 주었다.

〈사진 60〉 정부군 장교의 수염 깎기는 총알 만큼 섬뜩하게 다가온다.

〈사진 61-1〉 아나와 외떨어진 공간의 설정은 이 영화의 기본골격인 소외라는 이미지의 부활이다.

〈사진 61-2〉 반군의 은둔처는 지성인 가장 페르난도를 대변하는 고립된 이미지

〈사진 61-3〉 아나의 응시는 현실을 고발하는 객관적 시각이자 장소와 공간을 나타낸다.

〈사진 62〉 심리적 고통 이미지

〈사진 63〉 고독과 부재의 이미지

〈사진 64〉 고립의 이미지

또 다른 상징성을 구축시켰다. 에리세 영화의 회화적 아름다운 화면은
프랑코 정권의 통치의 정령이 영상 도처에 서려있다〈사진 62, 63, 64〉.
여러 감독들을 통해 본 영상과 회화의 상관관계는 다음과 같이 요약할
수 있다.

감독별 앵글의 이미지 분류

오즈 야스지로, 빅토르 에리세	현실적이며 과거의 트라우마 공존	심미적	실재(實在) 환상과 부재	정밀한 스타일, 프레임적 미장센	Fix shot	Low angle High angle	가족의 탐구, 역사의 트라우마

감독별 영화의 회화 구도법 비교

	정지된 형태의 회화 미	유동적 형태의 회화 미
감독	오즈 야스지로, 빅토르 에리세	미조구치 겐지, 나루세 미키오
카메라 워킹	Low fix shot, Pan	Dolly, Pan, Tilt, Tracking, Crane shot
구도	주로 수평적 구도	수직, 수평, 대각선 구도
중심 이동	아주 적게 나타남	많이 나타남
촬영 각	Low angle, Eye level, High angle	Eye level, High angle
시점	서양적 시점, 전지적 시점, 외심적 원근법	동양적 시점(전경, 중경, 원경)

두 감독의 영화 스타일 비교

오즈 야스지로, 빅토르 에리세	침착하다. 신중하다. 일관되고 절제되어 있다. 관조를 요구한다. 적막함, 소외와 고독, 불통, 폐쇄, 예술적 서정성. 부재(absence), 이중성, 고립, 역사적 트라우마, 명암의 교차, 현실과 비현실, 현실적 환상, 현실의 미적 환영

Ⅳ

현대 감독으로
이어진 유동회화론

벨라 타르 감독의 〈토리노의 말〉 중 한 장면

1
유동회화론과 현대영상

외심적(外心的) 구도법을 지향했던 에리세와 야스지로 감독은 사물을 객관적 시각으로 관찰했다. 감정의 리듬을 중심에서가 아니라 멀리서 국외자적 시점에서 나를 보지 말고 지금의 객관적 상황을 보라고 경고한다. 카메라는 끈질기게 피사체를 탐구하면서 구도의 내면성을 요구했다. 아이 레벨(Eye level)의 한계를 가진 인간의 시각을 회화적 시각으로 대체했다.

야스지로와 에리세 감독에게서 자주 나타나는 회화적, 사진적, 몽환적 의미의 화면 구성은 카메라 시선의 발견이라는 점으로 볼 때 큰 의미가 있다. 3인칭 시점에 감독의 심미적 영혼과의 일치가 그의 영상 언어가 되었고, 그의 작품에 창작 스타일이 완성됐다. 이들 감독들은 이성에 의한 어떠한 제어도 받지 않고 심미적 내지는 단순한 미학적인 어떤 배려도 탈피한 사고 그대로를 영상으로 풀어 놓았다. 특히 야스지로 영화 테크닉이 프랑스의 누벨바그 감독들에게 깊은 영향을 주기도 했다.

세계 영화사에서 진보적이라 여겨지는 누벨바그 영화의 장면들은 미조구치 겐지와 야스지로 작품에서 많이 차용했다. 그들은 가장 객관적인 카메라 거리를 조화시키면서 기존의 형식을 과감하게 타파하면서 대담한 영화의 형식을 창조했다.

에리세와 야스지로 감독은 영화적 공간과 시간에 관한 영화를 철저하게 만들었다. 두 감독 스타일을 진부하게 생각하는 경향은 이미 일본에서도 표면화되지 않게 되었다. 누구도 에리세와 야스지로 연출 스타일이 진부하다고 생각하는 사람은 없었다. 길게 찍기와 비좁은 실내 촬영은 새로운 형식의 영화적 전기를 만들었다. 같은 피사체의 모습을 약간 다른 각도에서 촬영한 것만으로 이루어진 시각적 연구라 할 만한 시퀀스는, 매우 특별한 배우들의 다양한 상황과 모습을 보여주는 일종의 입체파 모자이크 같은 효과를 얻었다.

오즈 야스지로 감독 작품에서 나타나는 부동성은 회화의 공간 시점과 상통했다. 카메라의 이동이 아니라 피사체 움직임의 포착은 그의 영화에 모티브가 됐다. 현란하지 않은 카메라 워킹은 피사체의 움직임에 따라서 시선의 이동을 절제시켰다.

오즈 야스지로와 빅토르 에리세 영상은 감정과 대치하는 것이 아니라, 감정까지도 사로잡았다. 사물을 더 잘 보기 위해서 자신의 시야를 한정시켰다. 모든 피사체를 그는 집요하게 관찰했다. 나지막하고 평안한 수평적 구도법은 회화의 구도법에 근원이 된 것이다. 그의 영화적 공간은 한 공간에 머물면서 영화 밖의 세계를 끊임없이 환기시키는 특이한 공간 설정에 의해 이루어졌다. 야스지로와 에리세 작품에 나타나는 특이한 정형화는 없다. 거의 모든 샷(Shot)은 로우 앵글(Low angle)과 픽스 샷(Fix shot), 롱 샷(Long shot))을 많이 사용했다.

그들의 영화에서 모든 구도는 정적인 회화기법을 차용했다. 모든 작품에서 나타나는 단조로움, 평안함, 가족의 따듯함, 적막함, 고독, 부재 그리고 인간과의 소통이란 단어들이 수평적 구도와 일치되는 영상 언어를 만들었다.

오즈 영화의 구도와 에리세 영화의 비밀은 이야기가 아니라 영화적 형식에 있었다. 그 형식의 핵심은 탈 중심적 영화 공간에 있다. 오즈 영화는 중심적 이야기가 주변 이야기를 포섭하면서 이어지는 중심화된 선형구조를 따르지 않고 양자가 서로 꼬리를 물고 이어지는 탈 중심적 순환 구조를 이루고 있다. 그의 영화 대부분에서 발견되는 정면 샷(Shot)과 리버스 사이드 샷(Reverse side shot)들은 객관적 화면과 조명의 명암(明暗, Contrast)을 통해 프레임(Frame) 내에 놓인 등장인물들과 항상 일치하게 된다. 따라서 스크린은 섬세하게 변화하는 피사체와 선(禪)적 공허한 공간을 만들었다. 오즈 야스지로와 빅토르 에리세 감독은 일상의 세계를 주제로 삼으면서 정적인 형식주의로 발전해 갔다. 오즈는 일본영화사에 위대한 시대적 미니멀리스트(Minimalist) 감독 중 한 사람이다.

환상적, 몽환적 의미가 미조구치 겐지 감독에게 자주 나타나는 것은 카메라 시선의 발견이라는 점에서 큰 의미가 있다. 3인칭 시점에 감독의 심미적 영혼과의 일치는 그의 영상 언어가 되었고, 창작 스타일로 완성됐다.

미조구치 겐지 감독의 영상 기법은 현대 문학의 큰 흐름을 이끈 초현실주의의 주요한 시(詩)작법이 된 자동기술법과 맥을 같이 한다. 현실과 공상, 과거와 미래, 전달 가능한 것과 불가능한 것이 결코 서로 모순하지 않는 정신의 한 점을 구하여 고도의 현실성과 꿈의 전능성에 대하여 전폭적인 신뢰로 예술의 새로운 영역을 개척코자 시도하였다. 이성에 의한 어떠한 제어도 받지 않고 심미적 내지는 도덕적인 어떤 배려도 탈피한 사고 그대로 영상으로 풀어 놓았다. 그의 영화 테크닉은 프랑스의 누벨바그 감독들에게 깊은 영향을 주기도 했다.

빛의 조련사 나루세 미키오 감독은 조명에 의한 구도법을 영화 〈부운 浮雲〉에서 만들었다. 과거와 현실을 이분화하는 조명의 기법은 회화적 구성법보다 더욱 구체적인 영상을 창조했다. 두 인물에 대한 심리 상태를 수직적 구도라는 기법으로 참담한 현실과 이루어질 수 없는 사랑의 이미지를 낮은 조명(Low key tone) 기법과 함께 잘 표현했다. 달리 샷(Dolly shot)에서 나타나는 인물과 카메라와의 거리감은 어쩌면 회화의 고정성과는 괴리감을 나타낸다. 카메라 시점의 이동은 회화에서 시선의 불일치를 가져왔지만, 영화의 시점은 공간이 확대되는 결과를 가져왔다.

이들 감독들은 이야기의 보편성을 영화라는 특수한 장르로 옮길 때 영상의 명징성(明澄成)이라는 관점에서 새로운 영상언어를 창조했다. 에리세 영화의 특성은 앙리 까르띠에 브레송(Henri Cartier-Bresson)의 말에서도 잘 나타난다. 그의 말처럼 사물을 바라본다는 것은 매우 어려운 일이다. 그리고 시간이 오래 걸리는 작업이다.

영화는 지금 화가의 캔버스가 사라진 자리에 자신이 거기 있을 수 있다는 자부심을 말하고자 하는 것이 아니라 누군가가 거기서 사라질 하나의 생명의 흔적을 바라봐야 할 윤리적 의무가 있다고 말한다.

에리세의 카메라는 아무것도 말하지 않지만, 그 자리에 서서 햇빛 대신 조명을 이용해서라도 대상을 바라본다. 시간이 무한해도 신중하게 피사체를 응시한다. 자연이 있던 자리, 그것을 동경하고 재현하려던 예술가의 자리, 이 공간 안에서 영화가 그것을 프레임 안으로 담아내었음을 기억하는 위치에 있었을 지킴이로서 에리세 영화는 용감하게 선언한다.

이들 감독들이 지향했던 예술적 선(線)은 회화에서의 정체된 선(線)이 아닌 자유로운 의식의 흐름 같은 것이었다. 카메라 시선에 따른 원칙적인 움직임이 아닌 광활한 공간에 부합된 창조의 공간으로 이어지는 영상의 구도법을 완성시킨 결과를 가져왔다. 이들 감독들은 서구의 영화로부터 현대 모더니즘을 흡수했으며, 그것을 작품에 적용하는 과정에서 일본의 사회적 문화와 중남미 영화에 내재해 있던 리듬을 재창조했다.

영화는 고립된 예술 형태가 아니어서 전통과 문화적 기억, 그리고 상징적, 징후적 표현의 토착적인 양식을 바탕으로 삼는 공통적 표현의 영역이다. 그러므로 영화와 다른 예술 형태들은 의미와 즐거움을 만드는데 상호 연관되었으며, 이 점은 더욱 철저하게 연구할 가치를 지닌다.

영화는 움직이는 화면이면서 동시에 고정된 장면과 이미지들이다. 반면, 회화는 고정되어 있지만 보이지 않는 움직임이 있다. 스크린과 캔버스는 기능적 차이에도 불구하고 본질적인 차이는 없다. 영화의 움직임은 회화에서의 이차원 평면에 고정된 정지 화면과 같은 것이다. 우리는 장면을 기억할 뿐 전체적인 흐름을 기억하지는 않는다. 연속적인 흐름은 이성적이고 논리성을 요구하기 때문이다. 회화적 구성의 틀에 박힌 영상 구도법은 항상 위험에 노출되어 있다.

회화적 영상이 단점으로 나타난 정체미는 이들 감독들이 극복했어야 할 과제다. 즉 이들은 정체된 미학이 돋보이는 회화의 고정성에 너무 집착한 나머지 움직임의 미학이 강조되는 영화의 독창적인 역동성이 축소되는 결과를 초래하기도 했다.

이를 극복하기 위해 프랑스 누벨바그 감독의 대표적 주자인 장 뤽 고다르(Jean-Luc Godard) 〈사진 65-1~3〉는 롱 테이크(Long take) 기법을 사용해 정지된 화면 속에서도 역동성의 확장을 모색하기도 했다. 나아가 빔 벤더스(Wim Wenders), 라이너 베르너 파스빈더(Rainer Werner Fassbinder) 등 뉴 저먼 시네마의 기수들의 작품 속에서 새로운 영상 예술의 지평을 열게 해주었다.

이들 감독의 유형에 속하는 국내 감독으로는 선(禪)의 세계를 꾸준하게 고집하는 배용균〈사진 66-1~3〉 감독을 꼽을 수 있으며, 그의 작품 〈달마가 동쪽으로 간 까닭은?〉은 선시(禪詩)와 산수화가 지닌 여백의 미학을 재구성한 시적 영화라 해도 무방하다. 인간 본능을 실험적이고, 탐미적이고, 편집광적인 환상으로 인간 내면을 그려냈던 김기영 감독 〈사진 67-1~3〉, 카메라의 상징주의적 자유를 구가했던 하길종 감독이 이들 감독들로부터 영화의 맥을 이어갔다. 한국의 마지막 영상주의 이광모 감독은 〈아름다운 시절〉〈사진 68-1~3〉 이란 작품을 통하여 한국 전쟁이 남긴 상처를 시적 영상과 카메라의 롱 테이크(Long take)[1] 기법의 유장한

---

1 롱 테이크(Long take) 진수의 영화는 무엇보다 러시아 감독 알렉산드로 소쿠로프(Aleksandr Sokurov) 감독의 〈러시아 방주〉 작품을 꼽을 수 있다. 〈러시아 방주〉는 기존의 몽타주 이론을 과감히 거부하고 새로운 형식의 영화언어를 만든 작품이다. 2001년 12월 23일 오후1시 15분에 촬영을 시작해 오후 2시 53분까지 에르미타주 국립박물관에서 실시간으로 촬영한 작품이다. 이 영화는 1시간 27분 12초 동안 에르미타주 박물관의 35개의 전시실을 한번에 촬영한 영화다. 디지털 카메라와 스테디캠으로 촬영해 96분이라는 최장 원 테이크 극영화를 만들었다. 이 영화는 기존의 영화와는 달리 역동적이고 테크닉이 화려할 뿐만 아니라 소쿠로프의 기존 영화 스타일과도 구별되는 영화다. 〈러시아 방주〉 작품의 미학은 실제 시간에 상응하는 재현 시간의 원칙, 단절 되지 않은 컷 속에 담긴 영원의 시간이자 실제적 시간을 조작하지 않으며 인위적 영화적

호흡으로 영화를 만들었다. 아버지 세대의 심리적 이미지를 유려한 영상으로 묘사한 점이 이 영화의 특징이다. 대만을 대표하는 후샤오시엔(侯孝賢)감독〈사진 69-1~3〉은 명실상부한 현대영상의 거장이다. 움직임 없이 대상을 무의식적으로 응시하지만 화면 어딘가에 삶의 근원적 비애와 시대에 대한 애정을 특유의 카메라 워킹과 미장센으로 표현하는 오즈 야스지로 감독에 비견되는 동양적 영화 미학의 한 정점으로 평가받고 있는 대표적 감독이다.

또한 스웨덴 감독 잉마르 베리만(Ingmar Bergman)〈사진 71-1~3〉은 신(神)의 존재를 영상으로 분석한 위대한 혁명가로 자리매김했다. 그는 대중 매체였던 영화를 영화감독의 개인적인 통찰력을 표현할 수 있는 고급스럽고 실험적인 매체로 격상시켰다. 베리만 감독은 인간의 내적 자아의 정신적 추구를 통하여 영혼의 삶을 찾으려고 했다는 점에서 신비주의자(神秘主義者)라고 할 수 있다. 그의 영화 속에 금욕적 순결과 명상적 비애가 항상 존재한다.

러시아가 낳은 영상 시인이자 음울한 신비주의자인 타르코프스키(Andrei Tarkovsky)[2]〈사진 72-1~3, 73-1~3〉는 신비, 모호함, 시각적 이미지와

요소를 배격하는 영화의 시간을 새로 만들었다. 끊임없는 움직임으로 샷(Shot)들은 연결되며 단절되지 않고 지속되는 이 영화를 보면 원 씬 원 테이크(one scene, one take)라는 형식은 영화가 무엇을 담아내려는 의도와 부합되는 작품이다. 소쿠로프의 시적인 영상과 느린 화면과 강렬한 영상이 그의 독특한 영상 언어를 만들었다. 소쿠로프는 다큐멘터리 뿐만 아니라 다양한 장르의 영화를 만들고 또 다른 그의 영상언어를 만들고 있다.

2 타르코프스키 감독 작품 중 특히 〈향수 Nostalghia〉나 〈희생 The Sacrifice〉 장면에서 롱 테이크(Long take)와 피사계 심도(Deep Focus) 기법들은 현실세계에서 기억, 꿈, 환상으로의 전환을 이끄는 기능을 해

상징적이고 환상적 영상의 본질적 실체를 보여주는 영화적 세계의 창조, 합리적이고 과학적인 분석을 무시한 어느 감독도 흉내 낼 수 없는 강렬한 아름다움과 영상의 암시적(暗示的) 힘을 이미지를 통해 관객과 끝없는 대화를 나누는 영상 철학자이자 역사와 기억 삶의 근원에 대한 심원한 통찰을 관철시키는 감독이다.

타르코프스키 영화는 그 모든 것을 하나의 이미지로 표현시키고자 소통, 불통, 통합, 공존, 파멸과 절망의 이미지를 자기만의 시적 언어 영상 기표를 만들었다. 타르코프스키는 영화의 대부분이 현실로부터 기억과 꿈과 환상으로의 장면전환(영화의 편집기법이 아닌 카메라 움직임을 통해서 이미지를 만들었다)을 통해 의식의 흐름에 따라 내면적 움직임을 치밀하게 묘사한다.

중국의 대표적 5세대 감독 첸 카이거(그의 대표작 <현 위의 인생>에서 중국의 현실을 염세적 시점에서 영화를 만들었다. 그는 은유와 우의적인 표현을 통해 자신만의 작품 세계를 구축했다)감독과 장이머우 감독[3]〈사진 70-1~3〉은 주제에

준다. 카메라는 등장 인물들의 내면 세계를 담아냈다. <향수> 작품에서 현실 공간인 이탈리아의 토스카나와 고르차코프의 러시아 시골 농가를 연결하는 카메라의 움직임과 그 움직임의 속도는 고향을 그리워하는 애절한 감정의 깊이를 절묘하게 표현하고 있으며 관객을 인물의 내면에 초대하여 그 감정을 공유하는 것을 가능하게 했다. <향수>나 <희생>에서 상황의 전개는 몽타주 기법이 아닌 카메라의 움직임과 화면 내에서 변화하는 조명기법을 통하여 표현했다. 타르코프스키의 절묘한 카메라 워킹이 창조한 새로운 영화 공간은 시적인 아름다움을 나타냄과 동시에 인간본연의 우수를 드러내고 있다.

3   장이머우(張藝謨) 감독 작품 세계는 <귀주 이야기>(1992)를 기점으로 <붉은 수수밭>(1987), <국두>(1990), <홍등>(1991)으로 이어진다. 이 시기의 영화들은 강한 붉은 톤을 이용해 민족적 중국적인 서정적 작품을 만들었다. <붉은 수수밭> 작품에서는 붉은 톤으로 중국 정서 색채를 이용해 여성의 삶을 다루었다. <붉은 수수밭>은 모옌 소설<홍까오량 가족 Red Sorghum>이 원작이다. 붉은 수수밭은 강렬하다. 삶과 죽음이 대립되고 대조된다. 흐르는 피의 끈적함과 빨간 빛깔은 우리들 머릿속에서 어느 영상보다 더한

따라 촬영기법을 적절하게 구사하여 영화의 심오함을 더해준 영화를 만들었다. 시대와 상황에 따라 적절하게 그만의 영상언어를 바꿀 줄 알았던 장이머우의 영화 스타일은 언제나 충실한 인물묘사를 유지하면서 영화의 민족적 정서와 중국 현대 사회의 반항심을 교차시키고 있다.

예전의 중국 영화 톤(Tone)이 일방적 하이 키(High Key) 조명이었다면 장이머우(張藝謀) 촬영법은 어둡고 마치 균형이 잡히지 않은 비대칭적—인간을 거대한 자연 속의 수평선 저 멀리 하나의 작은 점으로 나타내기도 한다—인 것을 혼합하는 기법을 사용해 파격적 영상을 만들었다.

그는 작품을 통해 독특한 구도로 시각효과를 부각시켰고 전통적인 연극적 서사 양식 체계나 봉합적인 윤리화에 대한 수직적 방법에서 탈피했다. 조명과 색채(red tone)의 마술가이자 카메라의 자유방임(自由放任)을 주장한 중국의 장이머우 감독과 이들 감독들이 유동회화론 이론을 체계화 발전시키고 현대 영상의 영역을 확충시켜 나가고 있다.

특히 에리세(Victor Erice) 감독의 회화적 기법 영상은 고전적 표현이지만, 그의 영화의 상징성은 현대 영화의 표본을 만들어주고 있다. 에리세의 작품은 사진예술처럼 영원성을 창조하는 것이 아니라 시간을 보존하고 오직 결정적 시간을 고유한 자신의 영화적 구도로 지켜나간 영상작가다. 에리세 영화는 상징적 객관성을 시간의 프레임(Frame) 속에 완성시킨 예술이라 할 수 있다. 또한 유동회화론 이론에서 빠질 수 없는 헝가리의 대

이미지로 재생되어 탄생한다. <국두> 작품에서는 폐쇄된 가옥구조를 배경으로 중국역사의 전모를 우울하게 표현했다. 그 후 <인생>(1994) 작품을 통해 중국의 봉건적 시대부터 문화 대혁명에 이르는 시기를 다루면서 중국의 통시적(通時的, diachronic) 역사성을 사실적 관점에서 영화를 만들었다.

표적 감독 벨라 타르(Bêla Tarr)의 대표작 〈사탄탱고〉〈사진 74-1~9〉와 〈토리노의 말〉〈사진 75-1~18〉은 롱 테이크(Long take), 공간의 깊이, 프레임(Frame), 라이팅(Lighting) 기법이 특출한 영화다. 현대 영화의 특징이 기도한 화려하고 과도한 기법과 컬러풀한 영상의 홍수 속에서도 그는 미니멀리즘(Minimalism)적인 접근으로 영화의 진실성과 인간의 정체성을 흑백으로 답했다. 장시간의 촬영 즉, 롱 테이크(Long take) 기법은 그의 영상 언어를 만들어 주었다. 영화적 시간과 일상적 시간이 치환되는 영화를 만들어주는데 성공한 감독이다.

타르의 카메라는 윌리엄 포크너적인 다중시점이다. 비참한 세계를 살아가는 인간들을 밑바닥까지 들여다 보면서 궁극적으로 그들이 절망의 상황에서 인간의 존엄성을 지키기 위해 무엇을 해야 하는지를 오랜 시간을 두고 렌즈는 지켜봐준다. 그래서 타르 감독의 영화의 공간은 위선과 가상의 공간이 아닌 처절한 현실을 대변하는 성스러운 공간으로 치환된다. 그의 영화에서 롱테이크(Long take) 기법이 중요한 이유는 영화를 심리적(心理的 Psychology) 과정으로 만들어주기 때문이다. 타르 감독의 롱테이크(Long take)와 느린 카메라 워킹(Camera working)은 프레임(Frame) 안에 지체된 시간을 온전하게 담기 위한 감독의 영상 미학 출발점이다. 현장의 임장감과 사실적 미학에 그 영상의 근원을 찾을 수 있다.

이때 이미지를 분할 컷(Cut)으로 하기보다 그 자체를 그대로 영상에 옮기려는 미학적 원칙이 그의 영화를 더욱더 빛내준다. 컷(Cut)의 수가 많아질수록 의식의 흐름은 단절된다. 단절된 영상이 많을수록 재현된 영상의 시간은 사실적 시간과 차이가 날 수밖에 없다. 파편화된 사실적 시간은 왜곡되어 우리에게 전달된다. 타르 영화의 또 다른 미학은 일상적 삶을 있는 그대로 묘사하면서 삶의 실존적 본질을 투영하는 것이다. 죽음과 삶에 대한 강한 고뇌 또한 오히려 삶에 대한 희망으로 다가온다.

그의 영화에서 대표적 영상언어는 피폐하고 상처 입은 인간의 영혼들을 일깨워 주는 안식의 공간 프레임(Frame)으로 만들어졌다. 회화 이미지와 영화적 공간을 하나로 이어주는 방식을 통해, 벨라 타르 감독은 영원성이 간직되어 있는 회화의 정적이고 고착된 이미지가 동적인 영상으로 치환되고 그 속에서 융합되면서 재탄생되도록 했다. 즉, 살아있는 움직임과 현재가 회화 속에 내재되어 있는 영원성과 어떻게 결합될 수 있는지를 보여주고 있다.

이때 영화 속에 나타난 카메라 워킹은 독자적인 것이 아니라 또 다른 영상기호 즉, 의미적 기호로 나타난다. 의미적 기호는 헝가리 역사와 문화적 사명과 정체성을 조명하려는 타르 감독의 작가적 의식 발로다.

19세기 영화의 등장으로 카메라가 대상을 포착하기 시작하면서 대상을 바라보는 시선은 순수한 인간의 시선이 아닌 카메라의 시선이 되어버리고, 더 발달된 테크놀로지를 통해 세상(피사체)은 조작되고 편집됐다. 그러나 야스지로, 에리세, 벨라 타르 감독들의 영상들은 카메라의 시선이 아닌 순수한 인간의 시선으로 사물에 대한 존재적 체험을 느끼게 해주었다. 피사체에 대한 작가의 주관지향적인 이미지로 신선한 충격을 던져주었다.

특히 에리세 감독의 영상은 다양한 파레르곤(Parergon)을 완전히 뛰어넘는 것은 불가능하였지만, 공간의 아우라에 제약되지 않고도 아름다움과 독창적 이미지로 영화의 독특한 영역을 개척할 수 있었다.

2
감독별 영상 이미지 특징과 헤이안 시대 두루마리 그림

감독별 영상 이미지에서 나타나는 특징은 유동적 형태의 미, 적막 형태의 미, 복합적 형태의 미로 분류할 수 있다. 헤이안 시대의 두루마리 그림은 횡적, 입체적, 역동적 표현이라 할 수 있다.

감독별 영상 이미지 특징

유동적(流動的) 형태의 미		적막(靜寂) 형태의 미		복합적(複合的) 형태의 미	
미조구치 겐지	탐미적(耽美的) 신화 속 초자연적 우화와 현실과 환상 노(能)의 형식 회화적 미학	오즈 야스지로, 빅토르 에리세	가족을 위한 명징적(明澄的) 미니멀리스트. 네오리얼리즘. 정적(靜的)인 화면. 고전적 상징성. 고립, 부재, 고독, 역사적 트라우마, 4각 6각의 틀, 폐쇄, 공허 속 심미성. 신비, 죽음의 안식, 공간의 여운	나루세 미키오, 벨라 타르	수채화 같은 낭만적 일상 사랑. 감정의 리듬 시간과 공간의 진실성. 롱 테이크 (Long take), 공간의 깊이, 다중시점. 신에 대한 믿음, 인간성 훼손에 대한 경각심
김기영	인간 본능을 환상적(幻想的), 탐미적(耽美的)으로 표현	배용균	선(禪)의 세계에 대한 혼(魂)의 성찰(省察)	하길종	카메라의 상징주의적 자유로운 영혼
안드레이 타르코프스키	인간 영혼의 탐색을 위한 신비주의자(神秘主義者). 잠재적 카메라 워킹. 구원, 고통의 존재, 인간, 자연	잉마르 베리만	신(神)을 향한 끝없는 카메라의 도전과 성찰(省察)	장이머우	조명과 색채의 영상 마술가

고다르 감독 〈네 멋대로 해라〉　　　　　　배용균 감독 〈달마가 동쪽으로 간 까닭은〉

〈사진 65-1〉 1-Cut

〈사진 66-1〉 1-Cut

〈사진 65-2〉 2-Cut

〈사진 66-2〉 2-Cut

〈사진 65-3〉 3-Cut

〈사진 66-3〉 3-Cut

김기영 감독 〈고려장〉

〈사진 67-1〉 1-Cut

〈사진 67-2〉 2-Cut

〈사진 67-3〉 3-Cut

이광모 감독 〈아름다운 시절〉

〈사진 68-1〉 1-Cut

〈사진 68-2〉 2-Cut

〈사진 68-3〉 3-Cut

후샤오시엔(侯孝賢)감독 〈비정성시〉

〈사진 69-1〉 1-Cut

〈사진 69-2〉
영화 포스터 2-Cut

〈사진 69-3〉 3-Cut

장이머우 감독 〈붉은 수수밭〉

〈사진 70-1〉 1-Cut

〈사진 70-2〉 2-Cut

〈사진 70-3〉 3-Cut

잉마르 베리만 감독 〈제7의 봉인〉

타르코프스키 감독 〈향수〉

〈사진 71-1〉 1-Cut

〈사진 72-1〉 1-Cut

〈사진 71-2〉 2-Cut

〈사진 72-2〉 2-Cut

〈사진 71-3〉 3-Cut

〈사진 72-3〉 3-Cut

타르코프스키 감독의 수작 〈희생〉

벨라 타르 감독 〈사탄탱고〉

〈사진 73-1〉 1-Cut

〈사진 74-1〉 1-Cut

〈사진 73-2〉 2-Cut

〈사진 74-2〉 2-Cut

〈사진 73-3〉 3-Cut

〈사진 74-3〉 3-Cut

〈사진 74-4〉 4-Cut

〈사진 74-7〉 7-Cut

〈사진 74-5〉 5-Cut

〈사진 74-8〉 8-Cut

〈사진 74-6〉 6-Cut

〈사진 74-9〉 9-Cut

벨라 타르 감독 〈토리노의 말〉

〈사진 75–1〉 1–Cut

〈사진 75–4〉 4–Cut

〈사진 75–2〉 2–Cut

〈사진 75–5〉 5–Cut

〈사진 75–3〉 3–Cut

〈사진 75–6〉 6–Cut

〈사진 75-7〉 7-Cut

〈사진 75-10〉 10-Cut

〈사진 75-8〉 8-Cut

〈사진 75-11〉 11-Cut

〈사진 75-9〉 9-Cut

〈사진 75-12〉 12-Cut

〈사진 75-13〉 13-Cut

〈사진 75-16〉 16-Cut

〈사진 75-14〉 14-Cut

〈사진 75-17〉 17-Cut

〈사진 75-15〉 15-Cut

〈사진 75-18〉 18-Cut

〈그림 12〉 겐지모노가타리에마키(源氏物語絵巻) [헤이안 시대]. 이 작품은 무라사키 시키부라는 궁녀가 당시 귀족 생활을 가까이에서 보고 묘사한 고전 연애 소설의 내용을 나중에 귀족 화가가 화폭에 담은 것이다. 소설이 쓰여지고 약 100년이 지난 뒤 후지와라노 다카요시(1142~1205)라는 귀족 화가는 그 방대한 내용 가운데 80~90장면을 10개의 두루마리 그림으로 묘사하였다. 서사적인 이야기를 묘사한 긴 두루마리 형태의 에마키모노(絵巻物)라는 형식이다. 화려한 색상을 구사해 귀족들의 생활을 묘사했는데 색채 배열이 중요하다. 여인들의 긴 머리채를 짙은 검은색으로 그려 변화무쌍한 율동감을 주었다. 각 장면들은 일반적인 서양의 투시법과는 다른 투시법을 보여준다. 즉 두루마리 그림의 구도법은 오른쪽에서 왼쪽으로 펴지면서 비스듬히 위에서 아래로, 오른쪽에서 왼쪽으로 시선이 따라가도록 구성했다. 또 화가는 실내를 다 볼 수 있도록 지붕을 과감하게 없애는 파격을 그림에서 보여준다.

〈그림 13〉 조수인물희도(鳥獸人物戯画) [헤이안 시대]. 토끼와 개구리의 씨름을 묘사한 이 그림은 당시의 권력 지향적인 불교계를 풍자하고 있다. '겐지모노가타리에마키'처럼 그림에 어울리는 설명도 없고 각 장면의 의미와 두루마리 그림의 상호 간의 연관성을 찾기가 어렵다. 의인화된 동물과 스님이 등장하는 각 장면마다 익살과 해학이 넘쳐나 보는 이들을 즐겁게 한다. 승려들의 행동을 풍자하는 이 작품이 교토 인근의 사찰 고산사(高山寺)에 보관되어 있었다. 세속의 혼란과 불교계의 타락을 역설적으로 경고하는 의미가 내포된 그림이다.

〈그림 14〉 궁정화가 토키와 미츠나가(常盤光長)의 반다이나곤 에코토바(伴大納言絵詞) [헤이안 시대]. 이 그림은 7m 두루마리로 그려진 방대한 작품이다. 작품은 역동적인 사건으로 이어져 감상자들에게 긴박감을 연출시켰다. 오텐문이 불타는 장면을 현장감과 임장감 있게 표현했다. 인물들의 표정을 섬세하고 감각적으로 표현하여 활력이 넘치는 작품이 되었다. 오텐문이 시커먼 연기에 휩싸여 불타는 광경을 지켜보는 사람들의 표정에는 해학과 긴장감이 동시에 나타난다.

〈그림 15〉 작가 미상. 시기산엔기에마키(信貴山縁起絵巻) '날으는 쌀 창고' 부분 [헤이안 시대]. 겐지모노가타리 에마키가 전형적인 귀족 취향의 그림이라면 이 그림은 서민적 감정을 표현한 그림이다. 모두 세 개의 두루마리 그림을 제작되었을 때부터 지금까지 나라의 서북쪽에 있는 초고손시지(朝護孫子寺)에 보관되어 왔다. 내용은 이 절을 중수한 9세기 묘렌(命蓮) 스님의 기적적인 이야기들을 담은 것이다. 표정이 만화처럼 과장되었고 인물들의 동작도 즉흥적이다. 부드러운 색채와 빠른 필치를 구사해 궁성 밖에 사는 백성들의 삶을 역동적으로 반영한 두루마리 그림이다. 이 그림은 특히 일어난 일을 장대한 화면에 연속해서 그렸다. 장면이 바뀔 때마다 연속동작의 움직임을 중요시 여겨 역동적인 선에 중점을 두었다. 글 보다는 그림에 더 신경을 써 인물 표현과 배경의 색채가 뛰어난 작품을 만들었다.

〈그림 16〉 무라사키 시키부 일기 에마키(紫式部日記絵巻) [헤이안 시대]

〈그림 17〉 케곤엔기 화엄종조사회권(華嚴宗祖師絵巻) 의상(義湘)과 선묘 (善妙) 이야기 부분 [가마쿠라 시대]. 이 그림은 교토 승려 에니치보조오닌(惠日坊成)이 그렸다고 전해진다. 이야기는 7세기 신라에 화엄종을 소개한 원효(元曉)대사와 의상(義湘) 대사의 생애를 보여 주는 것으로 정식 명칭은 〈화엄종조사회권〉이다. 먹선과 담채가 적절한 조화를 이루며 굽이치는 물결이 실감나게 묘사되었고 의상을 태운 배를 떠받던 용의 표정은 단호하다. 헤이안 시대의 일본의 독자적 특색이 강한 회화 경향에서 조금씩 탈피하는 과정을 보여주는 대표적인 그림이다.

〈그림 18〉엔이(法眼円伊)의 입펜 쇼닌 에덴(一遍上人絵伝) (1239~1289) 무츠의 현 순례 장면 [가마쿠라 시대].
석가의 길을 좇아 입펜 쇼닌은 한 평생을 길 위에서 보낸다. 입펜은 천태종과 정토종을 공부한 후에 아미타 신앙에서 깨달음을 얻는다. 그는 아미타 신앙을 전파하기 위해 구도의 길을 선택한다. 순례에는 신도와 제자, 화가가 동행했다. 입펜이 세상을 떠나자 제자 쇼카이(聖戒)는 스승의 일대기 《입펜 쇼닌》을 저술했다. 입펜의 전기를 토대로 화가 엔이는 12개의 두루마리 그림을 제작했는데 여기에는 48장의 그림이 화선지에 담겨져있다.

〈그림 19〉 작가 미상의 헤이지모노가타리에마키(平治物語絵卷) 중의 산조전(三條殿)화재 부분 [가마쿠라 시대]. 이 그림을 보면 전체를 위에서 아래를 내려다보아 산조전(三條殿) 안팎에서 일어나는 격동적인 모든 광경을 한눈에 볼 수 있는 그림이다. 주위에 어지럽게 흩어져 싸우는 인물들의 산만한 양상을 정리해 주듯 짙은 색으로 나타낸 산조전(三條殿) 지붕들은 그림에 강한 직선적 구성 요소의 역할을 한다. 빨강, 주황, 자주색, 그리고 여러 색조의 회색을 적절하게 사용하여 순식간에 퍼지는 불꽃의 기세를 아름답고 대담하게 표현했다. 극적인 장면을 과감한 구도와 역동적인 인물묘사로 연출했다. 정교한 채색이 이채롭다. 처참한 살육이 자행되는 내용이지만 공포보다는 시각적인 자극과 조형적인 세련됨이 돋보인다.

"기본에 충실하지 않은 영상 미학은 겉만 화려한 그림의 나열에 지나지 않는다"

나는 이 책을 영화학에 입문하는 학생들에게 권하고 싶다. 영화에서도 기본 없는 명작은 없다. 기본에 충실하지 않은 영상 미학은 겉만 화려한 그림의 나열에 지나지 않는다. 즉, 거짓된 영상만 있을 뿐이다. 혼(魂)이 없는 영상은 단순한 그림의 연속적 편집일 뿐이다.

왜 롱 테이크(Long take) 기법이 필요한가? 그 물음에 빅토르 에리세 감독이 작품으로 답한다. 이밖에도 오즈 야스지로 감독의 로우 앵글(Low angle)과 픽스 샷(Fix shot), 미조구치 겐지 감독의 크레인 샷(Crane shot), 나루세 미키오 감독의 달리 샷(Dolly shot) 기법들은 영화의 형식을 더욱더 발전케 하는 지렛대 역할을 했다.

더 큰 바람으로 우리나라에도 이와 같은 감독들이 많이 나오기를 고대한다. 영화의 뛰어난 콘텐츠와 무한한 상상력은 영상 미학, 특히 샷(Shot)의 다양한 형식을 통해 나타날 수 밖에 없다. 어떻게 보면 샷 그 자체가 영화의 운명을 좌우하는 한 장면인 것이다.

1958년	강원도 홍천 출생
1982년~1985년	영화 조감독
2013년 3월~현재	경희대학교 예술대학 응용 예술 대학원 겸임교수
2015년 9월~현재	서강대학교 영상 대학원 겸임교수
2017년 1월 1일~현재	경희대학교 테크노 경영대학원 미디어경영 객원교수
	KBS 영상제작국 부국장 대우

〈학력〉

1980년~1982년	서울예술대학 영화과 연출전공 / 졸업
2002년~2005년	대구예술대학교 사진영상 전공 / 미술학 학사
2005년~2008년	서강대학교 언론대학원 영화 전공 / 언론학 석사
2009년~2013년	상명대학교 디지털 이미지학과 비주얼 저널리즘 전공(영화 방송 영상에 나타난 영상 심리 전공) / 예술학 박사

〈개인전〉

1995년	제1회 사진개인전 〈높은 터, 고향이야기〉 / 파인 갤러리
2000년	제2회 사진개인전 〈산사로 가는 길〉 / 룩스 갤러리
2006년	제3회 사진개인전 〈환한 고요, 깊은 적막〉 / KBS 포토 갤러리
2015년	제4회 사진개인전 〈뚜벅 뚜벅, 내 여정의 신호〉 / 충무로 이룸 갤러리

<집필>

2000년	《높은 터 고향이야기》, 《그리고 산사로 가는 길》(사진집)
2002년	《영상에 보내는 오마주》(영상 이론집)
2004년	《6mm 카메라 촬영과 이론》
2010년	《한 송이 연꽃의 말없는 가르침》(황명찬, 동중우 공저)
2007년	〈일본 1세대 감독 작품들에 나타난 유동회화론 구도에 관한 연구―오즈 야스지로, 미조구치 겐지, 나루세 미키오 감독을 중심으로―〉(서강대 언론대학원 석사 논문)
2011년	〈라틴아메리카 영상에 나타난 마술적 사실주의에 관한 연구〉(영상 기술 연구 학회지 등재)
2012년	〈중남미 영화의 매직 리얼리즘에 관한 연구―A. 조도로프스키 텍스트를 중심으로―〉(상명대 박사 논문)
2014년	〈이해인 수녀의 감사 예찬〉 다큐멘터리
2015년	《뚜벅뚜벅 내 여정의 신호》(사진집)
2017년	《영화감독과 심리적 구도》

<수상>

2004년 10월 30일 〈장터, 그 곳에 고향이 있었다〉 / 대한민국 영상대전 다큐멘터리 부문 대상 수상

참고 문헌

- E.H.곰브리치 《예술과 환영》, 차미례 옮김(서울: 열화당 2003)
- 고바야시 다다시 《수묵, 인간과 자연을 그리다》, 윤철규 옮김(서울: 이다미디어 2006)
- 도날드 리치 《오즈 야스지로의 영화 세계》, 김태원·김시순 역(서울: 현대미학 1995)
- 랄프 스티븐슨·장R.데브릭스 《예술로서의 영화》, 송도익 역(서울: 열화당 1982)
- 막스 테시에 《일본영화사》, 최은미 역(서울: 동문선, 2000)
- 미쉘 메닐 《미조구치 겐지 영화세계》, 김태원·박경삼 역(서울: 현대미학 1998)
- 밀리S. 베린저 《서양 연극사 이야기》, 우수진 옮김(서울: 평민사 2003)
- 벤 보버 《빛 이야기》, 이한음 옮김(서울: 웅진닷컴 2004)
- 쉬잔 엠 드 라코트 《들뢰즈: 철학과 영화》, 이지영 옮김(경기: 열화당 2004)
- 아네트 쿤 《이미지의 힘》, 이형식 옮김(서울: 동문선 2001)
- 아담스 시트니 《시각 영화》, 박동현외 역(서울: 평사리 2005)
- 야키야마 테루카즈 《일본회화사》, 이성미 역(서울: 예경 1992)
- 원금탑 《중·서 회화 비교 연구》, 이근우 옮김(서울: 예서원 2004)
- 장 루이 뢰트라 《영화의 환상성》, 김경은·오일환 옮김(서울: 동문선 2002)
- 제프리 노웰-스미스 《옥스퍼드 세계 영화사》, 이순호외 역(서울: 열린책들 2005)
- 존.버거 《이미지-시각과 미디어》, 편집부 옮김(서울: 동문선 1990)
- 파스칼 보니체 《영화와 회화》, 홍지화 옮김(서울: 동문선 2003)
- 해럴드 오즈본 《옥스퍼드 미술사전》, 한국미술연구소 옮김(서울: 시공사 2002)
- 히스미 시게히코·야마네 사다오 《나루세 미키오》, 박창학·유맹철 역(서울: 한나래 2002)

- 히스미 시게히코 《감독 오즈 야스지로》, 윤용순 역(서울: 한나래 2001)
- 김용수 《영화에서의 몽타주 이론》 (서울: 열화당 2006)
- 김우창 《풍경과 마음》 (서울: 생각의 나무 2003)
- 김의준 《디지털 영상학 개론》 (서울: 집문당 1999)
- 김남희 《일본회화 특강》 (대구: 계명대출판 2016)
- 강희정·구하원·조인수 《클릭, 아시아 미술사》 (서울: 예경 2015)
- 동중우 《영상에 보내는 오마주》 (서울: 바움 2000)
- 박용숙 《회화의 방법과 구도》 (서울: 집문당 1993)
- 이성미·안휘담·小林忠, 《동양의 명화》 (서울: 삼성출판사 1985)
- 안혜정 《내가 만난 일본 미술 이야기》 (경기: 아트북스 2010)
- 정장진 《영화가 사랑한 미술》 (경기: 아트북스 2005)

〈단행본〉
- 강신주·이상용 《씨네 상떼》 (민음사 2015)
- 박정자 《빈센트의 구두–하이데거, 사르트르, 푸코, 데리다의 그림으로 철학읽기》
  (기파랑 2005)
- 송병선 《라틴 아메리카 신 영화》 (이담 2010)
- 송희복 《영화, 뮤즈의 언어》 (문예출판사 1999)
- 임호준 《스페인 영화》 (문학과 지성사 2014)
- 이지연·홍상우 공저 《알렉산드로 소쿠로프–폐허의 시간》 (한울 2015)
- 정경원·서경태·신정환 공저 《라틴 아메리카 문화의 이해》 (학문사 2000)

〈역서〉
- 기 엔느벨르, 안병섭 옮김 《앙드레 바쟁의 영화란 무엇인가》 (집문당 1987)
- 엘케 폰 라치프스키, 노성두 옮김 《프란시스코 데 고야》 (램덤하우스 2006)
- 재니스 톰린슨, 이순령 옮김 《스페인 회화》 (예경 2002)
- 파스칼 보니체, 홍지화 옮김 《영화와 회화》 (동문선 2003)
- 자크 오몽, 곽동준 옮김 《영화 감독들의 영화 이론》 (동문선 2003)
- 자크오몽·알랭베르갈라·미셸마리·마르크베르네공저, 이용주 옮김 《영화 미학》 (동문선, 2003)

〈논문〉
- 박재현, 프랑코 정권(1939∼1975)하의 스페인 영화의 한 경향–1950∼60년대 스페인 영화를 중심으로–, 현대 영화 연구소
- 임호준, 위기의 남성들: 내전의 트라우마와 '새로운 스페인 영화', 서울대학교 스페인 중남미 연구소
- 전기순,빅토르 에리세의 영화와 시적 리얼리즘: 영화 〈벌집의 정령〉을 중심으로, 한국 외국어 대학교 외국학 연구소
- 한송이, 고립으로 소통을 말한다: 빅토르 에리세의 영화, 현대 영화 연구소